图书馆管理与智能应用研究

邵建平　刘德静　沈　镛　著

吉林文史出版社

图书在版编目（CIP）数据

图书馆管理与智能应用研究 / 邵建平, 刘德静, 沈
铺著. -- 长春 : 吉林文史出版社, 2024. 8. -- ISBN
978-7-5752-0573-3

Ⅰ. G251

中国国家版本馆CIP数据核字第2024FY2065号

图书馆管理与智能应用研究
TUSHUGUAN GUANLI YU ZHINENG YINGYONG YANJIU

出 版 人：张　强
著　　者：邵建平　刘德静　沈　铺
责任编辑：张焱乔
版式设计：李　鹏
封面设计：文　亮
出版发行：吉林文史出版社
电　　话：0431-81629352
地　　址：长春市福祉大路5788号
邮　　编：130117
地　　址：www.jlws.com.cn
印　　刷：北京昌联印刷有限公司
开　　本：710mm × 1000mm　1/16
印　　张：13.25
字　　数：210千字
版次印次：2024年8月第1版　2024年8月第1次印刷
书　　号：ISBN 978-7-5752-0573-3
定　　价：78.00元

前　言

　　数字化时代，图书馆不再只是传统的纸质文献仓库，更是数字资源、电子文献资源和多媒体信息的管理者。管理这些多元化、复杂化的信息资源，以及更好地服务读者，是现代图书馆管理面临的迫切挑战。智能应用的引入为解决这些挑战提供了新的可能性。

　　本书将聚焦于图书馆管理与智能应用的交汇点，以期为图书馆服务的未来发展提供新的视角和解决方案。本书内容从图书馆文化与我国现代图书馆类型入手，介绍了我国现代图书馆发展现状、我国现代图书馆管理体系的建设，详细分析了图书馆行政管理体系、图书馆服务管理体系及数字资源建设、移动数字图书馆等，最后在图书馆智慧化模式方面进行详细研究。

　　本书在撰写的过程中，吸收了部分专家、学者的一些研究成果和著述内容，笔者在此表示衷心感谢。由于笔者的水平有限，书中难免会有缺点和错误，敬请广大读者批评指正！

目　录

第一章 图书馆文化与我国现代图书馆类型

第一节 图书馆文化概述

一、图书馆文化的内涵及功能

（一）文化的内涵与特征

文化的内涵十分丰富，不同领域的人对文化有着各不相同的界定。尽管许多学者一直试图从各自所学学科的角度来界定文化的概念，然而迄今为止，仍没有获得一个统一的概念。

关于文化的概念，可大致分为狭义文化和广义文化两种。狭义文化的早期经典学说，表明文化是一个复杂的整体，这个整体包括知识、信仰、艺术、道德、法律、习俗和任何人作为一名社会成员而获得的能力和习惯。狭义的文化将文化界定为意识形态里形成的文化，广义的文化则包含了人类社会的全部遗产和社会生活的全部领域。文化的内容包括物质文化、精神文化及行为文化。文化主要有以下几个方面的特征：

1. 文化具有象征性

象征性指文化现象总是具有广泛的意义，人们生活于象征性的社会之中，衣、食、住、行都具有象征性。例如：在汉语中，"白"有"一无所有"之意，如一穷二白；白旗又意味着投降；白衣是我国古代的孝服，而现代的"白衣天使"又是护士的称谓。黑色，在汉语中常有贬义，如黑帮、黑社会、黑市等。文化的象征性由此可见。人的一生，在很大程度上就是学习文化象征性的过程，这是由于文化的象征性充斥于全部的社会活动和社会秩序之中，人类社会的发展也体现为文化象征性的发展。因此文化的意义远远超出文化现象所直接表现的那个窄小的范围，文化具有广泛的象征性。

2. 文化具有传递性

传递性是指文化一经产生就要被他人模仿、效法、利用。传递可以从两个方面实现：纵向传递和横向传递。纵向传递指人们通过多种方式将文化一代一代地传下去，这种传递在社会学上又称为"社会化"。横向传递指文化在不同地域、民族之间的传播。以饮食文化为例，现在世界上为人们所享用的食品中，番茄、土豆、玉米、可可原产于美洲，咖啡来自非洲，啤酒源于古埃及，蔗糖则从印度而来，我国为这张世界食谱提供的是大米、茶叶等。由此可见，来自不同地域和民族的食品汇集在人们的日常生活中，构成了饮食文化的横向传递，如同这样的各种文化交流和融合极大地促进了各民族社会的不断发展。

3. 文化的变迁性

通常认为，文化的状态不是静止不动的，而是时刻处于复杂变化之中。大规模文化变迁的发生，可归结于三种因素：第一，自然条件的变化。包括气候变化、自然灾害、资源匮乏、人口变迁。第二，不同文化之间的接触。包括不同国家、民族在技术、生活方式、价值观等方面的接触和交流。第三，发明与发现。各种技术的发明、创造，导致人类社会文化的巨大变迁。

（二）图书馆文化的含义及特点

图书馆文化是一种客观存在的文化现象。从广义上看，是指图书馆在办馆过程中创造的物质财富和精神财富的总和，包括物质、制度和精神三个层次。图书馆文化是一个有层次结构的理论体系，是以精神文化为核心，伴之以制度文化、物质文化而构成的整体。

1. 精神文化

图书馆文化的第一个层次是精神文化。它处于图书馆文化的核心层，包括用以指导图书馆开展服务活动的各种行为规范和价值观念，图书馆的群体意识和员工素质等。图书馆的精神文化特点也有三方面：首先，不同的图书馆，其精神文化特点各不相同。这是由于每个馆都有自身的物质基础和文化氛围。不同的图书馆领导者也有不同的价值观和性格特点，崇尚不同的伦理道德，倡导不同的图书馆精神。每一个图书馆的精神文化，都具有其自身的内容和形式。其次，图书馆文化是时代性和历史性的统一。由于图书馆文化是一代又一代的图书馆人长期积累的结果，是历史沉淀的结晶，反映图书馆发展的历史进程，因而具有历史性。最后，图书馆文化又必须紧跟时代的脉搏，科学技术的发展，保障现代社会不断增长的信息需求，能够切合当代主流用户群体的人性化信息需求，因而又具有时代性。

2. **制度文化**

图书馆文化的第二个层次是制度文化，它属于图书馆文化的中间层，包括图书馆领导体制、人际关系及其开展正常服务活动所制定的规章制度和实行这些规章制度的各种物质载体的机构设置等。图书馆制度文化的特点有三方面：一是其保障性特点。整个图书馆精神的发扬、目标的实现、道德风尚的确立、民主的形成、环境的建设维护、员工风貌的保持等，都需要制度文化的保障。否则图书馆的文化建立将成为一句空话，甚至连正常的开馆运行都会成为问题。二是其中介性特点。制度文化是图书馆精神文化和物质文化的中介，图书馆的精神文化通过图书馆的制度而转化到物质文化层。三是制度文化的时代性特征。制度文化的形成是一个不断修正、创新的过程，随着时代的发展，图书馆的制度文化也在不断完善，并具有明显的时代特征。例如现代图书馆的人文关怀、人本主义理念就在制度文化中体现了出来。因此，图书馆要经常根据事业的发展、理念的前进、工作要求的变化及时修订，更新规章制度，使之跟上时代的步伐。

其实，图书馆的规章制度也是一种文化。图书馆的组织文化可以从图书馆的规章制度中显现出来，传导给馆员和读者。同时，通过规章制度把图书馆的理念、宗旨、准则加以具体化、清晰化、明确化，约束组织成员的行为方式与工作习惯，促进组织成员按照组织要求养成行为习惯。

3. **物质文化**

图书馆文化的第三个层次就是物质文化，它处于图书馆文化的表层部分，具体表现为图书馆建筑、设施、环境布局、绿化、美化、园林艺术、厅堂装饰、书架排列及文献排放等等。图书馆物质文化是精神文化的外在表现形式，人们往往先从这些物质文化形态上看出图书馆的精神面貌。图书馆的物质文化有三个显著特点：一是强烈的时代感。图书馆物质文化的发展水平最终取决于社会生产力的发展水平。社会不同历史时期，人们创造的物质文化当然要符合当时生产力的发展水平，图书馆也不例外。不同时代建造的图书馆，单从建筑及厅堂设施来看就各具特色，这就是与建造时代相同的物质文化特征。二是外显性特点。图书馆的物质文化常常是可以观察得到、触摸得到和感受得到的，它处于图书馆文化体系中的表层部分，属于图书馆硬文化，有很强的外显性。三是发展性特点。在很大的程度上，图书馆的大部分硬件文化是在建馆之初已经设计好的，如图书馆建筑的外形及内部结构、图书馆的厅堂装饰等，但是随着时代的发展，社会的进步，图书馆的一些物质文化也在悄然改变原来的面貌，跟随时代的发展而进步。

（三）图书馆文化的功能

文化属于社会的上层建筑范畴。图书馆文化作为整个社会文化的一个重要组成部分，属于公益性文化事业范畴，文化对于图书馆的生存与发展具有深刻的影响作用。根据近年来国内外学者的研究和图书馆的实践，图书馆文化的功能可以归纳为以下几点：

1. 向导功能

图书馆文化是反映图书馆整体的共同追求、共同的价值观和共同的利益，它对图书馆馆员和读者群的思想、行为产生向导作用。良好的图书馆文化能够潜移默化的影响馆员接受并形成本馆共同的价值观，能在文化层面上结成一体，朝着共同确定的图书馆目标奋进。同时，图书馆也在对读者的服务中影响读者，使其养成良好的行为习惯等。

2. 凝聚功能

在特定的文化氛围之下，全体馆员通过自己的切身感受，产生对本职工作的自豪感和使命感，对图书馆的目标、准则和观念的认同感和归属感，馆员把自己的思想、感情、行为与整个图书馆联系起来，使图书馆产生强大的向心力和凝聚力，发挥出整体优势。

3. 激励功能

在图书馆文化创造的尊重人、理解人、关心人的氛围中，激发和调动全体成员的积极性和创造性，为实现图书馆的共同目标而团结拼搏。

4. 约束功能

通过图书馆文化所带来的制度文化和道德规范，馆员自觉接受文化的规范和约束，按照图书馆的价值观的指导进行自我管理和控制，使其符合图书馆的价值观念和发展需要。

5. 调解功能

图书馆文化能起到优化精简组织机构、简化管理过程的作用，也可以调节人际关系，形成良好的氛围。图书馆文化最终把图书馆的价值观作为引导图书馆发展的最终依据和衡量决策方案优劣的尺度。在图书馆文化的作用下，全体成员有共同的价值观、共同的语言，互相理解、互相信任，促进了彼此间的充分交流，在工作中形成良好的人际关系。

6. 塑造形象功能

优秀的图书馆总是向社会展示自己良好的管理风格、运行状况及积极的精神风貌，从而塑造出图书馆形象，以赢得读者和社会的承认与信赖，从而更好地为社会服务。

7. 辐射功能

图书馆是社会的细胞，图书馆文化不仅在图书馆内部发挥着作用，对本图书馆员工产生影响，而且还通过图书馆为外界提供的服务及联络与社会其他部门的往来关系等，把图书馆的优良作风、良好的精神风貌辐射到整个社会，对全社会的精神文明建设和社会风气的根本好转，产生积极的影响和促进作用。

上述图书馆文化的几个功能，在实际运行中不是单独表现出来的，而是综合地、整体地发挥着作用。

（四）图书馆理念

图书馆是为人准备的，所谓图书馆理念，最核心的理念是树立"以人为本"的服务理念，众所周知，图书馆的社会责任就是满足人民大众的文献信息需求。图书馆的馆员只有正确理解自身承担的社会责任，树立起良好的事业理念，才能自觉地履行图书馆馆员的社会职责，全心全意地为读者服务，才能把最大限度地满足读者文献信息需求作为图书馆一切工作的出发点和归宿。因此，服务理念是对图书馆承担的社会责任、社会功能、服务宗旨和认识水平的体现。换言之，只有具有浓厚的服务理念的图书馆人，才能热爱图书馆事业，才能千方百计地提高服务质量，才能自觉地做好读者服务工作。

图书馆能不能发展、如何发展，从根本上来说，取决于表现在图书馆人身上的图书馆主体性意识的觉醒。数字图书馆馆员主体性意识的觉醒、数字图书馆的发展，最终需要图书馆人来完成。因此，图书馆人如何理解数字图书馆的发展，以什么样的服务理念推动图书馆服务的发展，推动图书馆向什么方向发展，就成了关系到图书馆的存在和未来状况的决定性因素。

信息技术和网络技术的迅猛发展及高科技在图书馆中的广泛应用，把新世纪的图书馆带入到网络化、数字化发展的崭新时期。未来图书馆正在发生两个变化：从"有形"到"无形"的变化；从信息管理到知识管理的转变。这种变革，使图书馆面临新的考验，图书馆馆员必须重新审视自己，抓住契机，适应新环境、新时代。人文思想的起源可以追溯到古罗马的西塞罗，演变到中世纪以后逐渐成为一种精神，一种使人更富于人道的精神，体现为一种价值观、思想态度，它认为：人和人的价值是首要的，凡是尊重人、重视人、承认人的自由意志，为人的幸福而奋斗的态度，都可以说是体现了人文精神。在数字图书馆条件下，树立"以人为本"的服务理念，对于推动数字图书馆全面进步和发展，提高数字图书馆的服务功能，拓展数字图书馆的服务领域等都有着重要的作用和意义。

二、现代图书馆文化管理的内涵

（一）图书馆文化管理

国内外学者从不同角度提出过自己对图书馆文化管理的理解，但目前仍没有一致的看法。有人提出：图书馆文化管理就是把图书馆的软要素——文化作为图书馆管理的中心环节的一种现代图书馆管理方式。它从人的心理和行为特点入手，培养图书馆组织的共同价值和全体员工的共同情感，形成自身的组织文化；从组织整体的存在和发展角度去研究和吸收各种管理方法，形成统一的管理风格；通过图书馆文化培育、管理文化模式的推进，激发馆员的自觉行为和内在积极性。

（二）文化管理是图书馆管理的高级阶段

图书馆文化是一种与图书馆共存的客观存在。当人们对它的存在没有意识，或者只意识到了它的存在而没有对其进行认真剖析、精心培育时，它只是处于图书馆管理者的视野之外，自发地成长、缓慢发育，并自发地发挥着作用；当人们在实践中逐渐意识到它的客观存在，并有意识地提倡和培育积极的图书馆文化，摒弃和抑制消极落后的文化，从而引导图书馆文化向健康的轨道发展，并使之渗透到管理当中时，图书馆文化就逐渐演变成一种新型管理模式——文化管理。

从管理的发展史看，管理模式大致经历了经验管理、科学管理和文化管理三个主要阶段。经验管理处于管理的初级阶段，注重管理者个人的经验、能力和水平，主要表现为"能人管理""拍脑袋决策"。科学管理是管理的中级阶段，注重管理手段、管理技术、强调制度化、法治化。科学管理把管理人员的注意力吸引到对工作流程的重视和对管理技术的重视上，把管理变成了烦琐的、形式主义的管理。文化管理作为一种新的管理模式，是管理的高级阶段，它建立在"人本管理"的基础之上，强调人是管理的出发点和归宿点，坚持以人为中心，尊重人、信任人，把人放在管理的主体地位上，主张以文化为根本手段进行管理，反对单纯的强制管理，注重图书馆愿景、精神对馆员的积极性、主动性、创造性的激发，强调文化认同和群体意识的作用。

传统的管理模式所形成的形式主义倾向和物化主义倾向掩盖了管理的本质，使其丧失了精神而变得呆滞、片面。现代图书馆文化管理是通过建立一整套适应性文化体系，从而克服了管理手段、方法、技术的自相矛盾和互相抵制。价值观念的统一使得图书馆组织整体获得了方向和目标，从而表现出生机勃勃的有机体。

（三）人文精神是图书馆文化的精髓

自图书馆诞生以来，图书馆事业就与人类文化的发展息息相关，它始终关注着人类文化的保存和延续，是人类自身的发展和进步。这其中所贯穿的就是图书馆所固有的人文精神。作为人类精神载体的图书馆，在中国式现代化建设的进程中，承载着开发人类文化资源的重任，必须以人文追求为己任。因此，人文精神是图书馆在运行过程中所蕴含的承认、尊重和实现人的价值的精神，是图书馆文化的精髓。

对于图书馆人文精神的概念，有学者提出：是在图书馆工作实践的过程中所体现的以人为本的思想，满足人的需要、关心人的命运、实现人的价值、追求人的发展、体现人文关怀、创造美与和谐作为图书馆活动的宗旨，其核心是人文关怀。人文关怀的对象是读者和用户，是对读者和用户文化知识需求和精神心理的关注和关怀，为读者的文献信息需求提供保障，营造一种充满人性化的阅读学习环境。

图书馆人文精神也就是图书馆文化的具体体现。作为社会的一个文化部门，图书馆人文精神体现在图书馆的组织设施、功能之中，从根本上讲，体现在整个图书馆运行之中的图书馆员身上的那种尊重人的尊严、实现人的价值的服务精神上。图书馆人文精神的实践有以下几点重要的意义：

1. 人文精神是社会进步的原动力

图书馆是社会需求的产物。随着社会的发展和人的自我意识的提高，人们的社会进化观已经从致力于物的发展转变到以人为中心的发展，强调人的发展是经济和社会发展的基础。人的发展是社会向现代化方向发展的基本动力和根本目的。在这种社会进化观的指导下，西方传统的人文主义精神重新为人们理解和重视，人自身的价值得到越来越多的尊重和关注。从这个方向来说，人文精神正是社会进步的原动力。现代图书馆继承和发扬这种精神是社会进步潮流对它的要求。

2. 发扬人文精神是图书馆实现价值的要求

图书馆的价值取向始终以提高整个社会的科学文化水平及思想道德素养为己任，推动社会进步是图书馆追求的社会目的。图书馆人把实现人类根本价值作为实现自身价值的基础，充分体现了人文精神的价值观正是图书馆价值观的核心。无论图书馆的管理方式、技术手段发展到什么样的程度，只要其价值观保持不变，其人文精神就不会消失。

3. 发扬人文精神是图书馆实现社会职能的手段

图书馆长期以来一直担负着保存人类文化遗产、开展社会教育、传递科学信息、开发智力资源、提供文化娱乐等社会职能。实现这些社会职能，依靠的不仅是政策和财政支持，更关键的是图书馆人热爱人类文化事业，具有无私奉献的人文精神。所以，图书馆能够不断自觉地改进和提高管理和服务水平，实现信息的有效组织、利用及增值，从而满足社会和读者的需求。现代图书馆的社会职能是随着时代的发展而变化的，但无论社会怎样发展变化，图书馆收藏、保存人类文化遗产的传统职能将依然存在，只不过是教育职能和信息服务职能得到进一步强化。因为新时期图书馆的职能把读者能否得到全面的个性化服务摆到了更重要的位置，同时也对图书馆馆员的素质和职业道德提出了更高的要求。另外，图书馆要与其他信息服务提供者相互竞争，不仅要有技术支持，人性化的服务也将参与竞争，因此，唤醒图书馆人文主义精神不仅是图书馆馆员工作态度的转变和图书馆职能的内在要求，而且也是图书馆的立馆之本。

三、构架图书馆制度文化

（一）制度的文化特征

制度作为一种人际交往的准则，源自人类的各种历史的、社会的、经济的、政治的、文化的活动。制度是人类在社会实践中创造的，而人类活动都要受到人的价值观、伦理道德、思想意识、风俗习惯的影响。没有文化的人类活动是不存在的，因此，没有文化内涵的制度也是不可能的。任何一种制度的产生和形成，无论是自发的还是设计的，都是某一历史时期文化的反映。制度的出现，只不过是将过去的和现在的、个别的和分散的各种文化予以集约化、秩序化和社会化，把人们公认的价值观、思想意识、道德信念用符号形式确定和表达下来，用以进一步满足人们的经济活动、政治活动、社会活动的目的。显然，文化是制度的主要特征。

同时，文化是一种社会交流和社会传递，它通过特别方式的约定被社会成员共同获得。这种获得共同文化的约定其实就是文化得以交流和传递的制度文化。当制度体现为规则时，它必须反映文化的价值、文化的精神、文化的理念。从某种角度讲，制度是文化的产物，它根植于文化的土壤之中。

（二）图书馆制度文化及特征

结合制度文化的概念，我们可以这样理解图书馆制度文化：图书馆制度文化是图书馆文化的一个组成部分，既是图书馆物质文化的工具，又是精神文化的产物，共同构成图书馆馆员行为与活动的行为准则。它包括图书馆的组织方式、管理方法和各项规章制度，它是塑造和延伸图书馆文化的有力手段和坚实保证。

图书馆制度文化是在图书馆长期实践中生成和发育起来的，以图书馆规范体系为载体的图书馆制度文化，是图书馆精神、价值观、思想意识在制度上的体现。它有如下特征：

1. 权威性特征

图书馆制度体系一旦建立，制度一经制定实行，就具有极大的权威性和严肃性，图书馆员工的行为规范和准则就明确下来，图书馆的一切活动和图书馆与其他社会组织的关系将限定在图书馆制度的范畴之内，而不能随意更改。制度是图书馆的内部"法规"，如果朝令夕改，不仅会使员工无所适从，而且图书馆的运行、对外服务和秩序都将出现混乱。当然，制度的稳定性是相对而言的，因为图书馆的运行和图书馆面对的社会环境都在不断的变化中。为了适应时代、环境的变化，需要对图书馆的规范性规定进行适时的修改和创新，不然就会束缚图书馆的发展。

2. 中介性特征

图书馆制度文化是精神文化的反映和体现，同时它也是物质文化的工具。精神文化只有通过制度文化才能对物质文化发生作用；而物质文化只有通过制度文化才能反映出对精神文化的反作用。在传统图书馆向现代图书馆的演变过程中，由于精神文明和技术发展，不断影响图书馆的办馆理念、价值体系和服务理念，从被动服务向主动服务转变，从阵地服务向社会服务转变。随着时间的推移，这些观念被图书馆所接受，而形成图书馆的新价值观，从而影响图书馆的制度。制度文化既是适应图书馆物质文化的固有形式，又是塑造图书馆精神文化的主要机制和载体。正是制度文化的中介性和传递性体现其在图书馆文化建设上的重要作用。

3. 规范性特征

图书馆的制度文化是强制性的。因为规章制度不同于图书馆的基本信念、价值观和行为规范——这些可以依靠人们的传统习惯、内心信念和社会舆论来维系。为实现图书馆的目标、使图书馆日常工作有序地顺利进行，对于员工的行为给予一定的限制是必要的。作为一种来自员工自身以外的、带有强制性的约束，图书馆制度是强而有力的。同时，图书馆的制度文化又是普遍性的。图书馆制度是图书馆全体员工共同的行为规范，规范着图书馆的每一个人。因此，图书馆制度必须反映群众的要求，制定时应充分听取群众的意见，在执行中依靠群众互相监督，自觉执行。

（三）图书馆制度文化的内容

图书馆制度文化作为一个复杂的体系，由若干个子系统构成。

1. 图书馆的领导制度与文化

领导制度是图书馆领导方式、领导结构、领导制度的总称。图书馆领导制度受生产力和文化的双重制约，生产力水平的提高和文化的进步，都会产生与之相适宜的领导体制。在图书馆制度文化中，领导体制影响着图书馆组织机构的运行，制约着图书馆管理的各个方面。图书馆领导制度是制度文化的核心内容，卓越的图书馆领导者应当善于建立统一、协调、通畅的图书馆制度文化。现在许多图书馆实行馆长负责制，但图书馆党组织仍是图书馆的核心。党组织在图书馆制度中应起到其应有的作用，包括保证和监督党和国家的各项方针政策的落实；搞好图书馆思想政治建设、改进工作作风；支持馆长实现任期目标和服从图书馆正常运行的统一指挥等。

2. 图书馆的组织机构与文化

组织机构是图书馆为了有效实现图书馆的目标而建立的图书馆内部各组成部分及其相互关系。组织机构不是一成不变的，它随着图书馆的社会环境的变化及社会对图书馆的要求而有所调整。不同的图书馆文化有着不同的组织机构，中西方图书馆的组织模式就各不相同，他们都是在适应各自社会文化中逐渐形成的。

3. 图书馆的管理制度与文化

图书馆管理制度是图书馆为求得最大社会效益，在图书馆实践活动中制定的带有强制性义务，并能保障一定权利的各项规定和条例等。图书馆管理制度是实现图书馆目标的有力措施和手段，是图书馆健康发展的有力保障。优秀的图书馆文化的管理制度必然是科学的、完善的、实用的管理方式的体现。同时，图书馆管理制度也影响和制约着图书馆文化发展的总趋势，促进不同图书馆文化朝着个性化方向发展。

（四）构建图书馆制度文化的具体措施

有了完整的图书馆制度体系和科学的管理手段，只是建设制度文化的必要条件，图书馆还需要通过宣传、教育的手段让员工理解认识制度体系。这样才能构建制度文化的氛围。

1. 培育图书馆精神——制度文化的基础

制度文化与图书馆精神文化有着密切的关系，制度文化从属于图书馆精神文化，是精神文化的具体体现。将图书馆员工在图书馆实践中共同认同的价值观、思想意识、行为准则等制定出来，表达图书馆的价值取向和行为模式，就形成了制度。其实，制度本身来源于图书馆精神文化，图书馆精神文化又为制度文化的实现提供了精神支柱。因为，如果没有图书馆精神来约束员工的思想道德，图书馆就无法建立起共同的价值体系和道德规范，就不可能把制度自觉转化为行为准则。因此培育积极向上的图书馆精神，可以为制度文化的建设打好坚实的基础。

2. 宣传图书馆制度——制度文化的氛围

利用报纸、广播、电视、宣传栏、宣传册、展览、网页等形式对图书馆制度进行宣传，教育、引导馆员对制度理解、认同和接受。同时，图书馆可以通过会议、调查研究、知识竞赛、演讲活动、报告讲座等手段，进行双向交流，形成舆论和文化氛围。图书馆也可以效仿企业的CI（企业形象设计）标示设计理念，使图书馆制度文化更加形象具体。如设立图书馆的标准色、标准字、馆徽、馆歌、馆服等标识系统，都可以产生非强制性的引导和规范作用。现在许多图书馆都注重形象工程的建立，确立图书馆有特色的CI系统，从而营造图书馆的制度文化氛围。

3. 馆员的多重互动——制度文化的传递

馆员的互动是通过日常的人际交往实现的，其中虽不存在权利的制约因素，却对人们产生一定的心理影响，这包括图书馆馆员与馆员、馆员与管理者、馆员与读者之间的相互交流。新老馆员的交流过程就是价值观和行为方式的传递过程，也就是图书馆制度文化的传递过程。馆员为读者服务的过程，也传递了图书馆制度文化的信息。如图书馆的服务理念、服务行为规范、图书馆馆员的职业道德等，都可以通过馆员的服务态度、服务水平、服务行为表现出来。由于馆员与读者的互动交往对馆员产生社会性评价效果，馆员就必须用图书馆制度来约束和调整自己的行为方式，而产生好的社会服务效果。因此，馆员的多重互动是图书馆制度文化传递的主要方式。抓好此项工作对图书馆构建制度文化有极大的作用。

四、加强图书馆精神文化管理

（一）图书馆精神文化的含义

图书馆精神文化是图书馆在实践中，受一定的社会文化背景、意识形态影响而长期形成的一种精神成果和文化观念，是图书馆意识形态的总和。图书馆精神文化是相对于物质文化而提出的，是一种更深层次的文化现象，在整个图书馆文化系统中处于核心地位，是图书馆的上层建筑。

第一，图书馆精神文化是图书馆在长期实践中自觉培育形成的一种能够代表图书馆风格和形象的精神风貌，它集中体现了一个图书馆独特的、鲜明的、具有时代特征的办馆思想和个性，是图书馆在成长和发展过程中，对各方面工作、实践经验的高度概括和科学总结。第二，图书馆精神文化是图书馆文化的重要组成部分，是图书馆文化的精髓和核心。它不可避免地受到图书馆文化的影响和制约。第三，图书馆精神文化的建立就意味着一个图书馆有着一致的价值观念，意味着图书馆馆员的思想统一。图书馆馆员能够在图书馆精神文化的指引下不畏艰险、努力前行，朝着共同的目标奋斗。第四，图书馆精神文化的核心是图书馆精神。它是图书馆管理实践的总结，包括图书馆目标、馆员的价值观念、道德规范、行为准则等方面的内容，是激励和约束馆员思想和行为的无形力量。第五，图书馆精神文化是以精神现象为载体的观念文化，反映了图书馆群体的理想和目标，显示了图书馆的发展方向和服务宗旨。

在界定图书馆精神文化时，我们不能把图书馆精神文化等同于图书馆文化，把图书馆精神等同于图书馆精神文化。图书馆精神文化是图书馆文化的一个重要组成，或者说是对图书馆文化主体意识的高度概括。图书馆精神文化是指以图书馆在长期实践中所形成的精神现象为载体的所有文化现象，图书馆精神只是图书馆精神文化的一个重要组成部分。这三个概念属于从属关系，即图书馆精神是图书馆精神文化的重要组成部分，而图书馆精神文化又是图书馆文化的重要方面。

（二）图书馆精神文化的内容

图书馆精神文化的内容十分丰富，包括图书馆哲学、图书馆价值观、图书馆精神、图书馆道德、图书馆礼仪、图书馆形象、图书馆风尚等无形的意识形态及与之相应的文化结构。

1. 图书馆哲学

图书馆哲学是图书馆在创造物质财富和精神财富的实践活动中，从管理的内在规律出发，通过对世界观和方法论的概括性研究和总结，所揭示的图书馆本质和图书馆辩证发展的观念体系。从图书馆管理史上看，图书馆哲学经历了"以物为中心"到"以人为中心"的演变过程。最初的图书馆工作是以对文献的整理加工作为主要工作内容，因此图书馆哲学也主要针对这种劳动形式产生。行为科学理论使理性主义图书馆哲学向人本主义方向转化，注重人和人的行为对图书馆的作用，形成了科学的人文主义图书馆哲学。从而，以人为本、以文化为手段激发馆员自觉性的人文主义哲学成为现代图书馆哲学的主流思想。

2. 图书馆价值观

由于文化是人类的生活方式，而只有有益的、有价值的生活方式才可能在群体中反复出现，因而价值在文化中居于核心地位。同时，图书馆价值观在图书馆文化中也起着关键的作用。可以说，图书馆文化的所有内容都是在图书馆价值观的基础上产生的，是图书馆价值观在不同领域的体现或具体化。

3. 图书馆精神

图书馆精神是图书馆群体的共同心理定式和价值取向，它是图书馆哲学、价值观、道德观的综合体现和高度概括，反映了全体馆员的共同认识和追求。图书馆精神是图书馆文化的重要表现形式，包括图书馆坚定的追求目标、强烈的团体意识、正确的服务原则、鲜明的社会责任感、科学的价值观和方法论。

4. 图书馆道德

图书馆道德是图书馆哲学和图书馆价值的一种反映形式，它不具有法律的强制性约束力，但其具有积极的示范效应和强烈的感染力。图书馆道德是通过影响员工的思想观念，树立明确的是非观念，从而形成员工的自觉行为。良好的图书馆道德规范有助于维护图书馆内部的服务秩序和安定和谐的人际关系，提高员工的劳动积极性，对整个社会的道德规范也有良好的影响。

5. 图书馆礼仪

图书馆礼仪是图书馆员工关于图书馆礼仪的观念及其行为方式的总和，也是日常例行事务的一种固定模式。如馆员与读者沟通的方式、服务态度、衣着语言、仪式和典礼等就是图书馆礼仪的具体表现，它表征着图书馆的价值观和道德要求，塑造着图书馆形象。同时，读者与馆员同时在礼仪文化的氛围中受到熏陶，使读者自觉调整个人行为，使馆员增强为图书馆事业献身的群众意识。

6. 图书馆形象

图书馆形象是图书馆文化的综合反映和外部表现，是社会大众和图书馆员工对图书馆的整体印象与评价。图书馆形象通过员工的形象、服务的形象和环境的形象来体现。良好的图书馆形象对内可以产生强烈的凝聚力、向心力和感召力，对外可以使广大读者对图书馆产生良好的信任感。

7. 图书馆风尚

图书馆风尚是图书馆馆员相互之间的关系所表现出来的行为特点。它是图书馆员工的愿望、情感、传统、习惯等心理和道德观念的表现，是受图书馆精神和图书馆道德的制约和影响而形成的，是图书馆文化的综合体现，是构成图书馆形象的主要因素。

图书馆哲学、图书馆价值、图书馆精神、图书馆道德、图书馆礼仪、图书馆形象和图书馆风尚是图书馆精神文化的重要内容，它们相辅相成、互相促进。其中，图书馆哲学是微观的世界观和方法论，图书馆价值观是核心，图书馆精神是灵魂，图书馆道德、风尚是规范，图书馆礼仪、形象是表现氛围，这些要素彼此构成一个有机的整体。

（三）现代图书馆精神的培育

1. 图书馆价值观的培育

图书馆价值观不是仅仅存在少数领导者头脑中的理想，它必须为图书馆员工群体自觉接受，才可能真正变成和图书馆共同目标一致的认识。共同价值观的确立，不是自发作用的结果，它从图书馆明确提出到员工普遍认同，再到自觉执行，需要经过长期精心的培养。第一，社会主义制度决定了图书馆的根本性质，所以，图书馆必须坚持社会主义方向，为社会主义建设服务。这是我国图书馆事业发展的根本点。图书馆价值观就是社会主义核心价值观在图书馆事业中的具体反映。第二，社会主义图书馆担负着为物质文明、精神文明、政治文明建设服务的多重任务。为三个文明建设服务是图书馆服务的根本任务。只有通过有高度社会主义觉悟的人，才能创造出高质量的符合人民群众需要的优质服务产品，才能在人类文明建设中发挥图书馆应有的作用。所以，图书馆必须注重把员工培养成为有理想、有道德、有文化、有纪律的一代社会主义人才，他们才能自觉地以主人翁的姿态去努力服务于人民。第三，一般来说，具有一定历史的图书馆，其价值观是客观存在的，但往往这种观念不易被人发现。因此，它在图书馆发展中的地位和作用也常被人忽视。确认现有图书馆价值观是塑造图书馆价值观的第一步。在确认和进一步培育图书馆价值观时应注意：要根据图书馆的规模、类型、员工素质和服务特色选择适当的价值标准；价值观要有超前性，以体现图书馆未来发展目标；图书馆价值观是一个动态体系，要随着社会环境及图书馆内在因素的变化而不断注入新内容，切实保证图书馆价值观在内容和形式上与时代发展相符。

2. 图书馆道德的培育

塑造图书馆道德体系是一项长期而艰巨的任务。主要从以下几方面进行建设。首先，要努力塑造良好的图书馆社会形象。形象是图书馆道德水准的集中表现形式。在塑造图书馆形象时应坚持读者至上，服务第一，把诚信作为图书馆的信念贯穿于一切服务之中，为图书馆打下社会信任的坚实基础。其次，图书馆领导者应努力塑造人格力量。一个能干的领导者，要想得到员工的尊重和依赖，就必须树立起领导者自身的人格力量，从而引导员工的道德行为，激励员工的道德信念，感染员工的道德情操。最后，努力塑造一支具有高尚道德水平的员工队伍。道德是靠社会舆论、人们的观念、习惯、传统及教育的力量来维系的，道德建设是馆员的自我改造和自我锻炼的过程。因此，图书馆在进行道德教育时，应发动群众，通过广泛的研讨、辩论、总结经验教训，使馆员真正认识到道德规范在实践中的作用，使道德成为约束自我的准则和行为指南。

3. 图书馆精神的培育

图书馆精神包括爱国爱民的民族精神，共建共享的开放精神，爱岗敬业的奉献精神，求真务实的科学精神，宽宏博大的理性精神，以及不断进取的创新精神，等。图书馆精神不是自发形成的，它的确立和发展，是一个自觉提倡和培育的过程。第一，图书馆应树立榜样，因为图书馆精神只有人格化，才能具体化、实在化。图书馆精神人格化的榜样包括优秀的图书馆领导者和先进的模范人物。优秀领导者和先进模范人物体现的图书馆精神，可以成为正确舆论的先导，促使馆员观念的更新，强化对图书馆精神的认同感；榜样的崇高情操会对其他馆员产生感染，发生情感上的共鸣，从而形成积极向上的氛围；先进人物的行为会使其他馆员产生模仿效应，久而久之，使全馆人员养成自觉的行为习惯。因此，图书馆领导者和先进模范人物的示范作用可以推动和培育图书馆精神。第二，思想教育是培育图书馆精神的最有效方法之一。思想教育工作是人们以马列主义、毛泽东思想、邓小平理论为指导，通过党的基本路线、爱国主义、集体主义和社会主义教育，遵纪守法和职业道德教育，帮助馆员树立正确的思想、信念和价值观，强化员工工作责任感，引导员工以主人翁的姿态投入到图书馆实践中去。第三，陶冶感化也是宣扬图书馆精神的有效手段。在活动中熏陶员工的群体意识和情操，可以把知识性、趣味性、竞争性和思想性融为一体。而且员工喜闻乐见，愿意参加，从而到达教育效果。同时图书馆也可以通过馆容、馆貌、馆徽等有形的东西来影响和激励馆员，在潜移默化中使员工受到图书馆精神的感化和教育。第四，在培育图书馆精神过程中，不能忽视心理的作用。图书馆心理和图书馆精神互相渗透、互相制约、互相转化、互相影响。培育图书馆精神有助于图书馆心理的健康化；良好的图书馆心理又能促进图书馆精神的弘扬。因此，重视图书馆员心理健康，对图书馆精神的培育有着重要的作用。

4. 图书馆形象的培育

图书馆形象是多层次多层面的体系，包括图书馆外部形象、图书馆管理者形象、图书馆员工形象、图书馆服务形象和图书馆技术形象、图书馆公共关系形象等。树立图书馆良好的社会形象主要从以下几方面做好工作。

第一，要增强领导和馆员塑造图书馆良好形象的自觉性。在社会体系中，图书馆是公益性服务行业，树立良好的图书馆形象需要从图书馆服务做起，提高服务质量，创造服务品牌。同时，大力开展图书馆形象教育，把树立图书馆良好形象作为馆员的工作职责，增强员工的使命感和事业心，使馆员在服务中创出佳绩。

第二，开展优质多元的图书馆服务，满足社会的文化需求。现代图书馆已经突破传统图书馆的桎梏，图书馆在社会发展中的作用越来越大，图书馆的功能也不断拓展。图书馆除了开展最基本的借还服务之外，为了适应社会的需求，还开展了信息服务、网络服务、教育服务及文化推广服务。图书馆应在提供多元文化服务的基础上，以品牌服务来提升图书馆服务效应，树立良好的图书馆形象。

第三，加快图书馆现代化建设，提高图书馆服务的技术含量。随着信息社会的来临，计算机网络技术的普及，图书馆也进入了数字化时代。图书馆要在信息社会立于不败之地，就必须用先进的技术手段和丰富的信息资源作为后盾。加快图书馆现代化建设是时代的要求、社会的需要。

第四，建设优美的图书馆环境，注重图书馆文化内涵。图书馆优美环境是图书馆形象的构成要素之一，同时也是图书馆形象的载体之一。读者在环境优美、井然有序、服务热情的图书馆中阅览书籍，必然对图书馆产生一份热爱和愉悦。同时，图书馆的社会形象也会建立起来。图书馆不能仅满足于窗明几净、书架整齐、馆员热情这一层面，还应建立起管理创新机制。图书馆应注重在管理观念、管理模式、管理手段上大胆探索，引入现代企业管理的 CI 设计理念，创立一套体现本馆特性、易于读者接受和喜爱的统一识别系统，如理念识别系统、行为识别系统、视觉识别系统等。

　　第五，营造浓郁的图书馆文化氛围，为树立图书馆形象奠定基础。图书馆文化是渗透图书馆各个方面、推动图书馆发展的内在动力。营造一个健康向上的图书馆文化氛围，是图书馆整体形象的一个重要组成部分。图书馆文化建设要体现以人为本的精神，尊重人的尊严，满足人的需求，实现人的价值。在管理过程中对图书馆员进行图书馆文化教育，使其个人目标与图书馆目标统一起来，从而形成图书馆特有的文化氛围，凸显图书馆的整体形象。

第二节 我国现代图书馆类型

一、图书馆类型划分的作用

（一）图书馆类型划分有助于科学地确定图书馆的工作目标

图书馆类型是社会分工日益向专门化方向发展，以满足不同人群的信息需求的产物。图书馆类型划分既是对自然形成的图书馆类型的肯定，又是对不同类型图书馆特点和发展规律的概括和总结。因此，正确划分图书馆的类型，对于一个图书馆的正确定位和实现长远发展目标，最大限度地满足用户的信息需求有着重要意义。我们知道，图书馆要想长远发展应该首先确定一个既定的目标并为实现这一目标采取一系列有效的措施。图书馆是为读者和用户服务的，满足他们的信息需求就是图书馆的根本目的，所以，图书馆工作目标的确定就是要明确图书馆的服务对象及他们的需求。换句话说，作为一个具体、独立的图书馆，首先要明确以下这些问题：我要为哪些读者、用户服务？我的服务要达到一个什么样的水平？要满足读者、用户的哪些基本要求？这些问题都是关系到图书馆的组织工作目标和存在基础的重要问题。科学地划分图书馆的类型能解决这些问题，使具体的图书馆明确自己在整个图书馆系统或社会信息系统中的地位和分工。从这个角度出发，有必要对现有的图书馆类型重新做一番审视，以明确不同类型图书馆的职能、组织结构和内容。最终明确图书馆分工，明确具体图书馆的任务，进而确定图书馆的发展目标。

（二）图书馆类型划分有助于提高管理效率，加强图书馆之间的协作

工业革命以来，分工和专业化的确定不仅提高了劳动生产者的生产熟练程度，而且节约了生产资料和人力资源。更为重要的是，这种分工和专业化的确定还促进了科学技术的进步，提高了管理效率。从这个意义上讲，图书馆类型的划分也是整个图书馆系统的一种分工，这种分工不仅使图书馆工作变得更为专业化，而且起到了合理配置现有图书馆资源，提高图书馆服务能力和水平的作用。鉴于依靠单个图书馆自身力量很难满足读者和用户的所有信息需求，所以，有必要有针对性地对图书馆进行类型划分，以针对不同需求的读者和用户群体发展图书馆的文献信息资源。而对政府来说，如果要保持社会信息系统的完整、统一，满足全社会的文献信息资源需求，就必须根据科学的划分标准合理地划分图书馆类型，根据图书馆的划分情况来决定图书馆的分布和图书馆资源的协作和共享。图书馆类型划分实际上是要将有限的社会信息资源发挥出最大的效用水平。

（三）图书馆类型划分有助于突出图书馆的服务重点

进行图书馆的类型划分不仅仅是对已经形成的图书馆类型的简单整合，而是在于帮助不同类型的图书馆进行分工协作，以便通过类型划分使不同类型的图书馆各司其职、各负其责，并对特定的用户提供专业化的、高质量的服务。同时，不同类型的图书馆由于有着不同的特殊功能和服务对象，承担不同的任务，所以，它们才共同组成我们的文献信息资源系统。进行图书馆的类型划分就是要明确不同类型图书馆的不同特点和它们的发展规律，明确这些图书馆在社会信息系统中的位置，进而为其资源配置、目标规划和服务方向提供相应的理论依据，以充分发挥各类型图书馆的作用。从以往图书馆的类型划分可以看出，原有图书馆类型划分仅仅是将现有的图书馆依据一定的标准分门别类地归入不同的系统，而在信息时代快速发展的今天，图书馆的类型划分应该着眼于对整个图书馆系统的整体规划和指导，以使之形成一个分工明确、互为补充、突出重点、优势互补的图书馆系统，从而涵盖和满足社会各个方面的信息需求。更有助于图书馆找准自己的正确位置，明确自己的职责和任务，并参照其他同类型图书馆的基本经验和规范来开展工作。

因此，我们有必要对图书馆进行类型的划分以便使之能正确定位并制定正确的发展方向。

二、图书馆类型划分的依据

确定划分图书馆类型的依据，需要弄清现在各种类型图书馆的基本状况，分析它们的相同之处和具体差异，然后根据这些情况确定划分的依据和标准。当然，从不同的角度出发，会有不同的结论影响图书馆类型划分依据，但仍然可以确定的是影响图书馆类型划分的主要因素，这些因素就可以成为划分图书馆的主要依据指标。

（一）读者和用户的需求

读者和用户是接受图书馆服务和实际利用图书馆的人。图书馆就是针对这些特定用户群的信息需求来发展自己的信息资源体系的。其一切活动都是以此为中心，紧紧抓住用户的信息需求，以满足用户的信息需求为图书馆的根本目的。由于图书馆在以此为目的的运转中形成了自己的文献资源特色，进而影响到图书馆的组织结构和服务方向，形成了不同类型的图书馆。

（二）图书馆的资金来源

由于图书馆是具有公益性的社会组织，其本身创造的经济效益并不能满足自身的需求，也就是说，图书馆在经济上存在着一定的依附性，而每个图书馆的创建和发展都离不开金钱的支持作为基础。所以，不同资金来源的图书馆也能成为划分图书馆的依据。如：公立图书馆的资金主要来源于政府，民办图书馆的资金主要来自民间捐赠，个人图书馆主要资金则来源于个人出资。

（三）图书馆的文献信息资源体系

图书馆在自身的发展过程中也会逐渐形成自己保藏特色的文献信息资源体系。这些文献体系具有一定针对性，有些是针对不同专业领域，有些是针对不同的用户，有些是针对不同的文献载体，有些是针对不同的语言或民族。

这些因素影响下会出现自然科学图书馆馆、数字图书馆、复合型图书馆、民族图书馆等。因此文献信息资源体系的特点也会影响图书馆类型的划分。

（四）图书馆的管理体制

图书馆的管理体制其实指的就是在图书馆实际运转中由谁对图书馆进行整体控制，谁负责确定图书馆的服务对象、资金投入及监督约束。如公立图书馆由政府进行管理，高校图书馆由其所在学校进行管理，有些图书馆则归研究所领导。这些不同的管理者构成的管理体制也是图书馆类型划分的依据。

三、我国图书馆类型划分的基本情况

现存的图书馆类型划分是图书馆历史发展的产物，是各个国家在各自图书馆的历史发展轨迹中结合本国的社会政治体制、文化传统和国家战略而形成的，由于所采用的标准不同，因此世界各国的图书馆类型划分也就各有特色。不过这些不同特色的图书馆类型分类，影响了图书馆工作交流和统计工作，因此，在联合国教科文组织（United Nations Educational，Scientific and Cultural Organization，简称 UNESCO）的支持下，国际标准化组织（ISO）和国际图书馆协会联合会（IFLA）为制定图书馆统计的国际标准，从 1966 年开始进行了一系列工作，并最终在 1974 年由国际标准化组织颁布的"ISO-2789-1974（E）国际图书馆统计标准"中设置了一章"图书馆的分类"专门对图书馆的分类做出了明确规定。按照这一标准，图书馆被分成了六大类，即国家图书馆、高等院校图书馆、其他主要的非专门图书馆、学校图书馆、专门图书馆和公共图书馆，并对每个类型的图书馆都做了概念性的规定。目前，该项标准已更新到最新版本为"ISO-2789-2008"。

与国际图书馆统计标准相统一的是我国现行的"信息与文献图书馆统计"即 GB/T13191-2009，该标准将我国图书馆做了如下分类：

（一）高等教育机构图书馆

高等教育机构图书馆作为高等教育机构的文献资料信息中心，是隶属于高等学校职能机构中的教学辅助部门，主要职能是为大学或其他高等教育及高等教育水平以上的教育机构的学生、教师和科研人员提供服务。由于其服务的对象是拥有专业水平较高的群体，因此，高等教育机构图书馆虽然属于学校图书馆范畴，但由于其在性质、地位、馆藏特色、作用上区别于普通学校图书馆，所以将其单独作为一种类型的图书馆。

首先，高等教育机构的图书馆是为本单位提供信息服务的学术性机构，其承担的工作是高等教育机构教学和科研工作的重要组成部分。因此，服务性和学术性是高等教育机构图书馆的基本性质。其中服务性是指高等教育机构图书馆是以向在校大学生、教师和科研人员提供图书借阅、信息咨询等信息服务为主要工作的部门，而学术性则是指高等教育机构图书馆除了提供图书馆的基本服务外，还积极参加学校的科学研究项目、教学研究等专业性较强的研究工作。

其次，高等教育机构图书馆还承担着高等教育机构的教学任务。除了提供信息服务和参与学术研究，高等教育机构图书馆的教学任务也是区别于其他类型图书馆的主要特点。这里的教学任务，除了信息检索方面的课程外，也包括配合学校要求，对学生进行政治思想教育，宣传党和国家的政策和法律、开展读者辅导，还包括为大学生提供工作实践基地。

最后，高等教育机构图书馆按馆藏情况可以分为综合性和专业性两种类型的图书馆，其中以综合性图书馆为主要的图书馆类型。高等教育机构图书馆在实现自己的馆藏资源时主要是以学校的专业设置和科研需求为采购对象，进而形成自己的馆藏特色，为学校的教育、科研工作提供帮助。

总之，高等教育机构图书馆是高等教育机构的文献信息中心，是教学、科研的信息保障，同时还是大学生的第二课堂。不过，当前的高等教育机构图书馆实行的都是封闭式的服务，即只对本单位学生、教师和科研人员服务，这使得馆内部分文献信息资源闲置，可以考虑在未来为普通大众提供一定的服务。

（二）流动图书馆

流动图书馆有时是公共图书馆的一部分，作为利用图书馆的另外一种方式，是利用交通工具并配备有设备而直接提供文献和服务的图书馆。其实流动图书馆只是图书馆的一种服务形式，它不需要读者或用户走入图书馆的固定场所，只需在自身所在地就可以接受服务，任何一种类型的图书馆都可以将其作为自己的一部分，进行发展。

（三）国家图书馆

国家图书馆是负责所在国家获取和保存所有相关文献复本的图书馆，它是承担法定呈缴本功能的图书馆。目前，世界上大多数国家都建有自己的国家图书馆，有的不止一所。我国的国家图书馆位于北京，由一个主馆和一个分馆组成，是国内图书馆中规模最大的图书馆，拥有 2 200 万册（件）馆藏量，是亚洲最大的图书馆。其承担的主要职能有以下几点：

1. 作为国家书目信息中心，编制国家书目和联合目录

中国国家图书馆履行全国书目中心职责，编辑出版国家书目、联合目录和馆藏目录。国家图书馆编辑全国书刊联合目录始于 1927 年，1957 年以后此项工作得到全面加强和完善。1997 年 10 月正式成立全国图书馆联合编目中心，在全国范围内组织与管理图书馆计算机联合编目工作，共建网上联合目录，共享书目数据资源和文献资源。当前，随着国家图书馆自动化系统的建立，各种书目数据库和各类专题数据库正在逐步兴建和完善。国家图书馆联合国内诸家图书馆完成的《中国国家书目回溯数据库（1949—1987）》，与国家图书馆编制发行的《中国国家图书数据库（1988 年至今）》构成一个规模最大、覆盖面最广的中国国家书目数据库。联合编目中心面向全国提供中文机读书目数据，是加工、制作、发行一体化的书目数据中心。目前，由国家图书馆主持编制了《中国国家书目》《民国时期总书目》和《中国古籍善本书目》等 30 余种书目，全面反映了国家图书馆馆藏的书本式目录体系。

2. 收藏文献

收藏并更新大量的、具有代表性的国外文献（包括研究该国的文献），从而建立一个拥有丰富外文馆藏的国家图书馆。

3. 指导其他图书馆的管理，促进合作

作为国家总书库，国家图书馆在图书馆管理标准化、规范化、数字化、网络化建设中起着骨干作用，是全国的书目中心、图书馆信息网络中心，其特殊的地位和职能在指导其他图书馆的管理和促进合作上发挥了极大的作用。

4. 加强国际交流

国家图书馆作为我国图书馆代表参加国际图书馆组织，执行国家对外文化协定中有关开展国际书刊交换和国际互借工作的规定；开展与国际图书馆界的合作与交流。

5. 协调研究与发展工作

为图书馆学的研究提供最新的信息资料，组织全国性的学术研究工作，推动我国图书馆学研究。

（四）公共图书馆

公共图书馆是一种起源较早的图书馆类型。早在古罗马时期就曾出现过公共图书馆的雏形，但公共图书馆的兴起还是在 19 世纪下半叶的英美国家。这种类型的图书馆具有向所有居民开放、经费来源于地方行政机构的税收、其设立和经营必须有法律依据的特点。因此，公共图书馆是为某一地方或者地区的社区内所有人口提供服务的普通图书馆，常常由财政基金提供部分或者全部运行经费。

在我国，公共图书馆的发展还是在中华人民共和国成立后，现在，在全国范围有 3 000 多所公共图书馆。我国的公共图书馆主要按行政区域划分，除国家图书馆外，有省、直辖市、自治区图书馆；地区、市、州、盟等行政区图书馆；县（区）图书馆，乡镇图书馆、街道图书馆等。这些公共图书馆的馆藏大多是综合性的，通常还建有地方文献的专藏。一些大中型公共图书馆常设有分馆。服务对象包括各种职业、各种年龄和各种文化程度的读者。主要承担着本地区科学研究和大众阅读的任务。

（五）学校图书馆

学校图书馆是指附属于高等教育水平以下的各类学校的图书馆，主要功能是为校内的学生和老师提供服务。

（六）专业图书馆

专业图书馆是服务于某一学科，特定的知识领域或者某一特殊地区利益的独立图书馆。包含众多具体类型的图书馆，有综合性的，也有专业性的。具体主要有：政府图书馆，是为任何政府机构、部门、办事处服务的图书馆；健康服务图书馆和医学图书馆，是为医院或者其他地方（无论是私立还是公立）的健康服务专业人员提供服务的图书馆；专业学术机构和协会图书馆，是由专业或者行业协会、学术团体、工会和其他类似机构主办的图书馆，主要目的是为从事某一特定行业或专业的会员和从业者提供服务；工商业图书馆，是任何工业企业或者商业公司内部的图书馆，由其上级机构主办，以满足本单位职工的信息需要；传媒图书馆，是为包括报社、出版社、广播、电影和其他电视等媒体和出版机构及组织提供服务的图书馆；地区图书馆，是为某一特定地区服务的主要图书馆，主要功能不是公共图书馆、学校图书馆或者学术图书馆所履行的职能，也不是国家图书馆网络的一部分；其他专业图书馆，是无法归入上述类别的图书馆。

以上这些类型的图书馆除了配合本系统和单位的信息需求进行信息搜集、整理、保管和提供相应的服务外，还应积极开展深层次的信息研究和开发项目，力求不断向科研人员和领导部门提供其所需的最新的信息和发展趋势，从而不断使图书馆保持进步。

（七）保存图书馆和存储图书馆

这两类图书馆主要功能是用以存储来自其他管理部门的、低利用率的文献资料的图书馆。

第二章　我国现代图书馆发展现状

第一节　我国现代图书馆现状

一、图书馆建设事业获得迅速发展

图书馆事业是一种文化现象，图书馆事业建设不能不受社会制度、社会结构和经济发展水平的制约。在各国图书馆事业建设中，有共性，也有各自的特殊性。

图书馆事业建设应与国民经济和科学文化教育事业的发展水平相适应。根据经济基础和上层建筑相互关系的原理，图书馆事业的发展水平是由经济发展的水平所制约的，经济的发展水平是影响图书馆事业发展的决定性条件。只有经济发展了，才能为图书馆事业的发展提供物质条件。另外，图书馆事业作为科学文化教育事业的一个组成部分，它又由整个科学文化教育事业的发展水平所决定。只有整个科学文化事业发展了，才能促进图书馆事业的进一步发展。

在过去的 40 多年中，中国图书馆事业以其不平凡的经历创造了我国历史上从未有过的辉煌。通过国家公布的相关统计资料，我们会对图书馆事业的迅速发展有个一目了然的发现。

（一）公共图书馆

全国公共图书馆建设取得积极进展，公共图书馆设施网络体系不断完善，图书藏量不断增长。2022 年，全国平均每万人拥有图书馆建筑面积达到 145.5 平方米，比 2012 年增长 73.3%；人均公共图书馆藏量 0.89 册，比 2012 年增长 74.5%。近年来，《中华人民共和国公共文化服务保障法》《中华人民共和国公共图书馆法》相继颁布出台，公共服务法律体系更加完善。全民阅读推广活动丰富开展，全国公共图书馆服务效能稳步提升。2021 年，全国公共图书馆总流通人次 74614 万，比 2012 年增长 71.8%；书刊外借册次 58730 万，比 2012 年增长 76.9%。

（二）高等院校图书馆

高等院校图书馆从某种意义上来说，是一个国家的民族脊梁。少年强则国强，少年志则国志，少年是一个国家的未来。而高等院校图书馆就是浇灌这些国家未来的甘露。2022 年，高校图书馆总经费与文献资源购置费馆均值较上年度有所增长，纸质文献资源购置费馆均值为 198.1 万元，较上年度有所减少，电子资源购置费馆均值为 361.7 万元，较上年度有所增长。馆均面积为 2.6 万平方米，较上年度略有增长。馆长职称以正高与副高为主，在编工作人员馆均值为 28.6 人，降低趋势平缓，但在编工作人员的受教育水平提升明显，博士与硕士学位工作人员数量持续增长，29 岁及以下在编工作人员仅占 3.7%，馆均 1.07 人。合同制人员与临时工馆均值略微减少，勤工助学人员馆均值有所增加。图书馆资源利用率较上年度有所降低，馆均书刊外借量 4.2 册。馆均纸质图书累积量为 136.9 万册，馆均古籍累积量为 1.1 万册，全国高校图书馆古籍总量在 1359.0 万册以上。截至 2023 年 8 月 3 日，共有 1363 所高校图书馆 (2022 年是 1400 所) 在 "教育部高校图书馆事实数据库" 注中提交了 2022 年基本业务统计数据。

（三）科学和专业图书馆

科学和专业图书馆主要是指中国科学院、中国社会科学院系统的图书馆、中央国家机关、各部委研究院（所）所属的图书馆、国家一级总公司下属研究院（所）所属的专业图书馆或情报所。

（四）基层图书馆

基层图书馆是指乡镇图书馆、城市街道图书馆、社区图书馆、工会图书馆、少儿图书馆和中小学图书馆，它们直接面向基层为广大民众服务。这几年，基层图书馆已呈蓬勃发展之势。全国现已有 4 万多个乡镇图书馆，

改革开放使我国图书馆事业确实向前迈进了很大的一步。目前全国已有各类图书馆 35 万所，藏书 40 多亿册，已达到相当的规模。近年来图书馆基本建设的步子很快，新建或扩建馆舍如火如荼、方兴未艾，新建馆舍使图书馆工作条件和对外服务条件有了明显改善。图书馆硬件设施的改善，极大增强了图书馆综合服务能力，提升了图书馆公众形象，使图书馆成为教育、文化和情报的一支活跃力量，而且也为图书馆在新世纪的可持续发展打下了坚实的基础。我们有理由对中国图书馆的现状持乐观态度。我们所要争取的，只是如何把握好发展机会，力求使中国图书馆能在新世纪获得更为稳步、健康的发展。

二、现代化图书馆在我国快速发展

随着现代技术的科技发展，社会已经进入了信息大爆炸时代。传统的图书馆已完全不能适应现代快节奏生活的需要，因此，应用现代化技术的图书馆应运而生。现代化图书馆就是应用于图书馆各方面工作的现代技术。现代技术主要是指第二次世界大战以来出现的各种新技术，它和图书馆工作结合后，使图书馆工作发生了深刻的变化，图书馆事业从而进入一个新的发展阶段。

随着信息时代的发展，特别是网络技术的高速发展，为人类社会的进步营造了一个前所未有的信息空间，也给图书馆这一重要的社会信息服务系统带来了巨大的挑战和提供了难得的发展机遇。图书馆资源数字化、馆舍的虚拟化、服务的社会化、发展集约化成了图书馆未来发展的最佳模式。

（一）资源数字化

随着信息时代的到来，图书馆也必将是朝着数字化方向发展，建设数字图书馆，这是毫无疑问的，业界也讨论很多。资源数字化包括资源的存在形

式（或载体形态）数字化、资源的组织数字化和文献信息服务体系建设数字化。资源的存在形式数字化包括馆藏资源数字化和社会资源馆藏化。

1. 馆藏资源数字化

就是根据各馆的特点及日后的发展规模，确定数据格式标准（这包括多少字段，采用什么格式）、收录范围、时间段和载体形式等，再根据《图书著录格武规范》《非书资料著录规则》等标准，对馆藏资源进行数据收集与加工。数据加工包括书目编目，文献著录、文字录入、扫描、图片处理等，然后建立专业的、特色的文献数据库。建立文献数据库，依据《数据库著录规则》《元数据的标引规则》《数据库主题标引规则》《数据库分类标引规则》等多个规则，使每个文献处理人员有章可循，为高质量完成建库任务打下良好的基础，同时为后期的数据库软件研制工作提供保障。

2. 社会资源馆藏化

现有社会的数字信息资源分为四大类：网络数据库、电子图书、专业数据库和学位论文数据库。网络数据库中常见的有：一是中国期刊网：内有 9 个专辑 5 300 种从 1997 年至今的全文电子期刊，以及 1994 年至今的题录；二是维普中文期刊数据库：内有文理各学科期刊 8 000 多种，其中科技期刊较全，收录时间为 1989 年至今；三是万方数据资源系统：以核心期刊为主线，内容涵盖医药卫生、工业技术、农业科学、基础科学、社会科学、经济财政、科教文艺、哲学政法等各个领域，100 多个类目的近 5 000 余种核心期刊，三大数据库——数字化期刊全文数据库、万方数据中文知识（链接）门户、数字化期刊刊名数据库；四是中文社会科学引文索引数据库：包含人文社会科学各专业，收录国内外出版的重要的中文人文科学、社会科学学术期刊 419 种。

3. 文献信息服务体系建设

如果资源的组织与管理模式、相应服务理念与服务方式不能适应数字时代的要求，再多的数字资源也不能构成一个理想的数字化的文献信息服务体系。建设数字图书馆应该全面继承、发展图书馆的资源与服务，通过现代的管理方式和服务理念，采用现代数字技术，使图书馆的各种资源发挥更大的效益。1997 年 3 月美国国家科学基金会资助召开的"分散式知识工作环境"会议报告提出："'数字图书馆'的概念并不仅仅是一个拥有信息管理工具的数字收藏的同义语，它更是一个将收藏、服务和人融为一体以支持数据、信息和知识创造、传播、利用和保存的全过程。"建立数据建设同盟，加大数据开发的比重，建立中数据库产业基地；统一数据库制作标准，提高数字化水平；改进数据库检索技术，采用超文本检索技术，提高检索效率。实现在网上轻松阅读和下载。在网络环境下，数字信息传输将采取长距离、大容量、数字式通信方式，其范围之大，可以覆盖全球，其容量之大不是以几十兆、几百 GB（十亿字节），乃至几十几百 TB（太字节），可以建设一套快速、大容量的传输系统是实现网络资源共享。图书管理的网络化以及信息资源的数字化、电子化，使我们可以获得大量信息，而不必关注其收藏点。数字化图书馆联盟下的子单位，就可根据各馆的收藏和服务特点，为数字化联盟加工、传输、共享本馆的数字资源，这就避免相同资源的重复建设，节省了时间，减少了无用功的损失。这就是先进的数字化信息和数字化传输。

（二）馆舍虚拟化

伴随着全球网络化的迅速发展，特别是互联网的出现，已经构成了人类有史以来最大的信息资源网络，在网络环境下，图书馆的资源结构发生了深刻变化。在信息时代的知识社会里，图书馆的发展不再是一个独立的实体，而是信息社会系统里的一个知识功能模块。在实体馆藏资源的基础上，建立具有联机检索功能的数字化图书资源，任何图书馆如果离开数字化图书资源而仅靠自己有限的实体馆藏资源来提供广泛的服务，是不可想象的。很有必要在互联网上建立一个统一的、具有全面共享的、高速的、安全的、不受时间和空间限制的、随时随地都可使用的智能化的虚拟图书馆。

所谓虚拟图书馆，就是指信息时代馆际之间实施协调合作的一种形式，由若干有着共同目标的图书馆结成网络联盟，为共同开展服务、共同开发信息市场而实施全方位合作的一种虚拟运作模式。从发展的角度看是当世界进入网络时代，具有不同资源与优势的图书馆为了共同开发馆藏资源、共同开拓信息市场、共同解决个性化和多样化的社会需求，而组织建立的在信息网络基础之上的共享技术与信息，共同分担费用、共同发展的、互惠互利的图书馆联合体。虚拟图书馆的出现改变了藏书建设的概念、理论和方法，改变了图书馆藏书建设体系结构与内容，拓展了图书馆信息资源的空间和服务模式，使多馆协作、资源共享不再是空想。虚拟图书馆是电子化、数字化图书馆，但电子化、数字化的图书馆却不一定是虚拟图书馆。电子化、数字化的图书馆是某一具体的图书馆实体，它是自动化系统发展到一定阶段所表现出的馆藏文献的电子化与数字化，而虚拟图书馆与全球图书馆及全球信息库应是等同的，它没有具体、固定的图书馆形态，也不是单指某一个图书馆电子化、数字化的结果，而是指通过网络远程获取信息与知识的一种方式。可是各个数字图书资源的支撑平台各种各样，如何把全国各地彼此分散的、异构的、杂乱的数字图书资源整合到统一的平台上是一个难点，而刚刚开通的CERNET2 和不断完善的网格技术，可以实现教育网上所有资源（包括硬软件资源、计算资源、存储资源、通信资源、信息资源、知识资源等）的全面联通。将地理上分布、异构的各种高性能计算机、数据服务器、大型检索存储系统和可视化、虚拟现实系统等通过高速互联网络连接并集成起来，共同完成一些缺乏有效研究办法的重大应用研究问题，实现了对各种计算资源的访问，也实现了对所有数据资源的统一访问。网格技术的根本特征就是资源共享，它把整个网络整合成一台巨大的超级虚拟计算机，实现各种资源的全面共享。

文献信息资源的数字化，图书馆实体的虚拟化，是图书馆发展的方向，真正意义上的数字图书馆可以不受任何约束地通过网络图书馆调出其他馆的文献信息，变缺馆藏为"有馆藏"，真正变为"无墙图书馆"。

（三）图书馆服务社会化

图书馆服务社会是知识经济和信息时代发展的必然趋势。随着知识经济社会的到来，图书馆面向社会开放，为社会大众服务，走社会化之路势在必行。知识经济的兴起和网络时代的到来，为知识创新提供了更加广阔的舞台，同时也带来了信息传播方面的新问题。面对"数量"和"复杂度"激增的各类信息，图书馆有责任通过自己的创造性劳动，做深层次的信息加工、鉴别以确定信息的价值，从而保证知识传播渠道的畅通，为广大科研人员实现知识、科技创新创造条件。基于知识、技术创新的大环境，图书馆的服务社会化是在市场经济条件下谋求自身发展的一个必然趋势。

现有资源得不到充分有效利用。图书馆，特别是高校图书馆，作为文献信息的一个汇集中心，拥有浩瀚的文献信息资源。据不完全统计，全国 1 000 余所高校图书馆拥有藏书 6 亿多册，并拥有大量连续出版物等及时性的信息资源。高校图书馆拥有较强的专业文献资料加工处理能力，在长期的教学和科研工作服务中，高校图书馆积累了大量工作经验与专业信息处理知识和能力，这些知识和能力是其他类型信息服务机构无法比拟的。可以说，高校图书馆是一个学科齐全的多功能的信息处理中心。但是，令人遗憾的是，高校图书馆的这些资源优势，如信息资源优势、技术设施优势等并没有得到充分有效的发挥。虽然目前许多高校图书馆已开始向社会开放，但其力度和服务范围及层次还远远不够，高校图书馆的这些资源需要有一个更为广阔的发展领域，让其得到更为有效的利用，高校图书馆需要一个展示自己的社会大"舞台"。

图书馆在服务社会的过程中可以方便地引进外部资源，如资金、技术、管理，借助外部力量进一步深化好其内部改革，让图书馆更好地为高校教学和科研服务，并进一步为社会提供更为广泛的信息服务。如今，图书、信息已走向市场化，清华同方的中华知识网、中国期刊网，万方数据、维普中文期刊等网上资源与图书馆的强强联手（建立镜像站等形式），给了图书馆强大的外部资源活力，如火如荼，而绝大部分图书馆面对市场经济不能再是冷眼旁观，而应该把目光投向市场、投向长远、投身市场，服务社会化是图书馆走向市场的重要途径。

进入当今知识经济时代，又是信息经济时代，人们的信息意识不断提高，对信息的需求量越来越大，信息的迅猛增加和高速利用，给图书馆的文献信息资源管理和读者服务工作开辟了广阔的前景。高校图书馆不仅是学校的文献信息中心，而且是学校信息化和社会信息化的重要基地。图书馆应不断拓展自己的教育职能和信息服务职能，把读者第一、服务至上、全心全意为读者服务作为最高宗旨，把吸引读者、争取读者作为重要的策略行动，把拥有最多的读者、最广泛的信息传播面和提高有效的知识流通量作为工作方向，把适应社会的发展、顺应读者服务的发展规律，不断提高读者服务工作的质量和水平作为自身发展的目标。

（四）图书馆发展集约化

随着信息时代的发展，特别是网络技术的高速发展，图书馆应用现代化管理方法和先进的科学技术，加强分工和协作，提高信息资源和经费的利用率，增进图书馆事业的整体效益，是图书馆行业集约化的基本含义。信息社会的来临使图书馆面临着前所未有的挑战。一方面社会信息量急剧增加，单个图书馆越来越难以满足本馆读者的信息需求；另一方面信息技术正在改变着图书馆的传统面貌，数字图书馆、虚拟图书馆等新的图书馆概念和形象相继产生。为了共同满足社会的信息需求。图书馆，特别是高校图书馆，必须联合起来，实行资源共享就成了历史的必然，而现代信息技术的应用能帮助图书馆克服时间与空间的限制，从技术上支持图书馆信息资源的共享。

在结构上，计算机技术和通信技术在图书馆的应用彻底改变了图书馆的工作方式，使图书馆的各项工作在图书馆内部连成一个整体，实现了图书馆的局域网络化，图书馆作为社会的一个有机组成部分，上网并将其信息资源昭示给社会公众也是大势所趋。以计算机技术与信息处理技术为主的有形的、组织结构精密的现代图书馆网络将取代传统的图书馆网络。在功能上，在未来的知识为基础的社会里，图书馆不仅是人类文化的保存中心，而且将成为真正的知识教育中心和素质教育中心，不仅收藏着丰富的信息和知识资源，而且可以通过各种现代化手段和途径获取并传播人们所需要的各种馆内和馆外的信息和知识资源，从而成为各种年龄和知识层次的人学习和研究的最佳场所；不仅为馆内读者服务，还可利用现代化手段，在网上开设远程教育课程，提供远程教学服务，从而成为人们终身学习与终身教育的中心。由于馆藏范围的延伸，图书馆将兼有博物馆、美术馆、纪念馆的功能，但与这些机构不同的是，图书馆除了保存功能外，将更加重视藏品的利用，人们可以将其中的一些艺术复制品像图书一样，借回家欣赏一段时间，从中受到艺术熏陶。从这个意义上说，图书馆还将成为重要的素质教育中心。在馆际合作上，交通、通信的发达，特别是高速信息传输网络的建设，使得国际的图书馆业务合作和学术交流变得更为方便，特别是网络作为一种全新的信息传递手段，以其信息量大、传输方便、不受时空局限、共享性强等优点显示了强劲的生命力，我们可以通过它检索世界上诸多国家和地区各类图书馆的馆藏目录、各种指南、手册及期刊索引数据库，交换书目信息，实现联合编目，开展学术交流。在发展理念上，图书馆作为信息的集散地，其从业人员的群体观念和个体意识应该是最敏锐、最开放的，他们应该时刻获知、鉴别和汲取新的有益的思想，在知识经济时代，社会信息网络以其丰富多变的载体形式、交流形式、服务形式迫使我们重新认识图书馆事业、图书馆信息资源、图书馆读者（用户）、图书馆服务及图书馆人本身，具有时代特色的新观念将层出不穷，而那些过时的、不符合发展趋势、落后于客观现状的旧意识将待更新。

三、文献资源获得较大发展

现代化图书馆的快速发展，必然带动着相关文献资料的巨大发展。改革开放40多年来，我国图书馆在文献资源建设方面已取得较大的进展。图书馆积极参与科学建设，并为其提供充足的文献信息，是促进其自身发展的需要，更是体现办馆特色、优化馆藏结构的需要。图书馆的文献资源丰富，就可以为现代图书馆的建设提供更有效的服务。

（一）文献资源发展历程

我国在1980年3月于北京召开了第一次关于图书馆的全国联合目录工作会议，会后图书馆界开始了联合目录的编制工作。比较有名的有北京图书馆编制的《全国西文连续出版物联合目录》，中科院文献情报中心编制的《中国科学院西文期刊联合目录》，北京大学图书馆等单位联合编制的《西文图书联合目录》等。

1980年5月16日，中共中央书记处批准《图书馆工作汇报提纲》，此后，全国多数省、市、自治区先后恢复了中心图书馆委员会并开展了资源共享工作。高校系统、中科院系统、国防科工委系统、农林系统的图书情报机构也陆续成立了文献资源共享协调机构。

1984年9月，全国高校图书馆藏书建设研讨会在大连召开，此次会议与会代表首次提出"文献资源建设"的新概念。在此之前，我国图书馆界惯用"藏书建设"这一称谓。1986年，我国首次开展大规模的文献资源调查，并于1987年正式组成"全国文献资源调查与布局研究"课题组，列入"七五"

期间国家重点研究项目。该课题从立项到完成历时 4 年，于 1990 年完成，1991 年 4 月通过国家鉴定。本次调查建立起"全国文献资源数据库"和"全国文献资源调查用户评议数据库"，数据库包括 514 个馆文献收藏的基本情况和 6 354 份用户意见。1986 年 11 月，中国图书馆学会在广西南宁召开了"全国文献资源布局学术研讨会"。1987 年 3 月，文化部、国家科委、国家教委、国防科工委联合发出《改进和加强图书馆工作的通知》，明确提出"开发和利用文献信息资源，提高服务质量，是图书馆工作改革的出发点和归宿"。同年 10 月有 11 个部、委参加的部际图书情报工作协调委员会成立，这标志着我国文献信息资源保障新体系开始运行。

1988 年，上海高校图书馆联合创建了"申联文献信息技术公司"，后来上海图书馆也加入进来，目前该系统已拥有用户 140 余家，以卡片或机读软盘、磁带形式共享编目数据。1989 年 9 月，部际图书情报工作协调委员会在江苏连云港召开会议，此次会议草拟了《关于加强全国文献资源建设的意见》，指出由国家科委、文化部、国家教委、中国科学院、国防科工委等部门组建的部际图书情报工作协调委员会，今后的主要任务之一就是要组织协调好文献资源的布局与开发。同年，深圳大学等 7 所广东高校图书馆联合成立"粤深文献处理中心"，实行协作采购与合作编目。

1994 年 3 月，上海图书馆联合上海科技文献情报中心、复旦大学等 19 个单位共同启动了"文献资源共建共享协作网"。

1994 年 6 月，国家教委全国高校图书情报工作委员会组织 48 所重点院校正式成立了"全国高校期刊协作网"；1995 年国家编制《国家信息化"九五"规划和 2010 年远景目标》和《国家信息开发利用规划》，将信息资源建设列为国民经济、社会发展和国家信息化的必要条件、核心内容和关键环节。1997 年 11 月，文化部召开"全国公共图书馆信息资源建设座谈会"，并拟定了《全国公共图书馆信息资源建设规划（征求意见稿）》。1999 年 5 月，上海成立了以上海图书馆为主任单位的上海市文献资源共建共享工作领导小组办公室，制定了《上海文献资源共建共享计划（1999—2001）》，全市 60 多个图书馆组成了上海市文献资源协作网，开展图书采购协调、通用阅览、馆际互借等活动。

1998 年 7 月，国家教委召开会议通过了《中国高等教育文献保障体系

（CALIS）建设项目可行性研究报告》，中国高等教育文献保障体系（CALIS）建设项目正式启动。1998 年 10 月，国家图书馆与北京大学图书馆、清华大学图书馆、中国科学院文献情报中心签订了合作协议，以实现网络互联、馆际互借、数据交换与文献传递。1999 年 1 月 14 日至 15 日，在北京召开了"全国文献信息资源共建共享会议"，此次会议签署了《全国文献信息资源共建共享倡议书》和《全国图书馆馆际互借公约》，124 家图书情报单位在倡议书上签字。2023 年 9 月 9 日正值国家图书馆建馆 114 周年，为了充分发挥"滋养民族心灵、培育文化自信"的阵地作用，向广大读者推荐重点服务、优秀资源，进一步满足广大读者的阅览需求，国家图书馆将推出恢复总馆北区中文图书区晚馆服务、开通在线办证服务、上线 10 万册中文电子图书、再次联合发布古籍资源、优化升级无线网络等重要服务举措，切实将最贴心的服务送给广大读者。

（二）文献资源的地位

文献资源 40 多年的发展历程，是一个持续进步的过程。在这一过程中，我们可以发现文献资源的地位在图书馆建设中的重要转变。

1. 我国文献资源建设已日益受到国家有关部门的重视，在文献资源共建共享方面图书馆基本上已形成共识。

2. 全国性和地区性的文献资源协作网络正在逐步形成，一些网络组织共商了合作原则，拟定了合作章程，文献资源共建共享已有了良好的开端。

3. 全国开展的文献资源调研工作，为摸清全国文献收藏情况，对文献进行合理的调配与布局提供了可靠的数据保障。

4. 在数据库建设和联合目录的编制上开始注重标准化和规范化，并运用计算机技术将建库重点放在数据库群的建设上。

5. 经过多年不懈的努力，文献资源共建共享已取得丰硕的成果，尤其在行业和地区性的文献资源保障系统建设上已取得重大的进展和突破。

就全国而言，现已有以下三大文献保障系统。

一是由文化部负责实施的"中国图书馆信息网络"（CLI-NET），即"金图工程"，该"工程"明确提出要在 10 所有一定现代化发展规模和基础的省、直辖市图书馆建立地区性网络中心作为网络的一级节点，以形成全国骨干网络。在全国 100 个省、市级图书馆建立二级地区网络中心，作为二级节点。在全国 500 个县级图书馆建成三级网络节点，基本上实现全国图书馆文献资源的电子化和网络化，做到信息的快速存取、传递和交换，实现全国图书馆文献信息资源和其他信息的有效利用、协调发展和资源共享。

二是以中国教育和科研计算机网（CERNET）为依托，实施"中国高等教育文献保障体系"，即"CALIS"计划。该计划打算在北京建立文理、工程、农学、医学 4 个全国性的文献信息中心，以构成文献保障体系三层结构中最高层，主要起到文献信息保障基地的作用。另在华东南、华东北、华中、华南、西南、西北、东北等 7 个地区建立地区级文献信息中心，构成文献资源保障的第二层，各高校图书馆所不能解决的大部分文献需求应在这个层面通过协调得到基本解决。第三层即为各个高等院校图书馆自身。这个计划实现将为全国高校科研提供高水平的文献信息资源保障。

三是中国科学院文献信息网络系统，中科院文献情报中心从 1992 年开始进行文献信息网络建设，建立"中科院中关村地区书目文献信息系统"。1995 年，为进一步加强全院文献信息网络的整体化建设，院里成立了"中科院计算机文献信息网络领导小组"，并于 1996 年开始实施"中科院网上文献信息共享系统"工程（第一期），该工程于 1998 年初完成，实现了局域网、城域网、广域网上的文献资源共享，同时向全院 100 多个研究所提供联机书目信息查询服务工作。全院 12 个分院都建有文献情报协作网，各学科也建立了文献情报网，从而形成了类型多样、纵横交错的有机的网络整体系统，使其在中科院系统较好地发挥了文献保障的群体优势。

（三）高校图书馆文献资源建设

高校图书馆承载着国家未来的希望，因此，高校的文献资源建设具有举足轻重的地位。高校图书馆积极参与学科建设，并为其提供充足的文献信息，是促进其自身发展的需要，更是体现办馆特色、优化馆藏结构的需要。高校学科建设的发展方向决定了高校图书馆工作的发展方向，学科建设要求图书馆的文献资源丰富，这就要求高校图书馆的文献资源建设充分结合本校的学科建设、专业课程设置，积极调整，完善图书馆馆藏和服务体系，形成一个有突出特色的文献结构框架，为学校的学科建设提供有效服务。

1. 加强面向学科建设的文献信息资源建设

加强学科建设是增强大学核心竞争力，凸显办学特色，提高教学质量、科研水平和社会服务能力的一项战略性、全局性和基础性工作。面向学科的文献信息资源体系的建立是高校图书馆资源建设工作的重中之重。

（1）要加强重点学科的文献信息需求分析

明确学校的办学定位，了解和掌握重点学科的构成，并分析重点学科的级别是国家级还是省部级，分析重点学科的发展方向，分析其特色和优势。了解重点学科用户对文献类型、信息服务形式及信息服务质量等方面的需求状况，在进行文献资源建设的具体工作中制定科学的藏书计划，不断调整馆藏结构。要充分研究学校的学科设置、专业设置、课程设置情况，对我们应该收藏哪些学科文献做到心中有数，特别是具体到某个大类的文献资源建设上，要做到充分了解这个大类学科的建设情况，哪些类目需要什么收藏级别要仔细认真研究，做到重点学科全面系统收藏，相关学科选择收藏，形成比较完整的科学体系，总体达到研究级收藏水平，支持学科发展。

（2）使重点学科有足够的经费保障

在加强文献信息需求分析的基础上，还要加大对重点学科文献购置经费的支撑力度。重点学科是学校的支柱性学科，代表着学校发展的方向和学术水平。根据本校学科发展的需要，把握好经费对学科发展的倾斜度，制定有计划、有步骤、长远的信息资源建设目标和方案，确保重点学科文献资源建设的投资力度。文献资源建设要向重点学科、重点科研项目、重点课程倾斜，确保重点学科信息资源的年增长比例。在经费保障上，形成保重点、带一般、全面兼顾、均衡发展的局面。

（3）努力提高采购人员的素质

学校学科建设的不断发展对采购员提出了更高的要求，高素质、复合型是新的形势对采购人员的要求，因此采购人员必须适应新形势的要求，要不断增加知识储备，拓宽知识面，坚持增长自己的综合知识水平。同时也可以通过学科馆员的工作更好地完善学科建设的文献信息需求。通过各方人员的分工合作，紧跟学科发展的步伐，了解学科发展的趋势，提高文献资源建设水平，构建合理的馆藏结构，更好地保障重点学科的建设和发展。

（4）适时调整采购策略，适应重点学科建设的需要

在采购策略方面，高校图书馆要改变以往一成不变的策略模式，在宏观策略上要与学校的学科发展相一致，但是在微观策略上要根据需求形成一个动态的平衡。要进一步细化每个学科的采购策略，构建合理的馆藏模式，提高馆藏质量，尤其是重点学科更要认真对待。

（5）完善馆藏评价体系

制定合理的馆藏评价体系指标，对馆藏评价的目的、原则、标准和方法都要有切实可行的依据。随着学校学科建设的发展，评价体系的细化指标也要有相应的调整，通过读者满意度、图书借阅情况、相关专业文献的覆盖率等的有效评价，为面向学科建设的文献资源建设提供有力支撑。

2. 依托学科建设，完善课程设置研究

学科建设在宏观上对文献资源建设具有指导作用。面向学科建设的文献资源建设更多的是对硕士学位方向以及博士学位方向文献的把握。对于本科生的文献资源如何建设，让我们想到了课程设置。依托学科建设，在面向学科方向的相应策略研究的基础上，加强课程设置的研究，必将为文献资源建设提供更为翔实的采购依据。由于在人才培养的过程中追求知识结构的多元化，课程设置的空间得到了扩展。一门学科往往涉及多个专业、多门课程，同时又可分为选修课、必修课，所以进行文献资源建设时必须对每一门课程进行调查分析，对购书经费进行合理分配，搭建适合本学院教学需要和科研需要的文献信息资源的合理构架，合理配置文献信息资源。

高等学校各个专业的课程设置在某种程度上也是一个学校学科建设的具体体现，如果从课程设置的角度进行细致一些的研究，能对图书馆的文献资源建设起到更好的具体指导作用，面向课程设置的文献资源建设与面向学科建设的文献资源建设结合研究可以为图书馆整体文献资源建设提供相对完备的支撑，可以形成更为合理的文献资源保障体系。根据学校的办学定位，配合教学科研需要，根据课程设置建立相对合理的文献资源配置原则，积极主动引导学生围绕各个学科的课程设置博览群书，做好大学的第二课堂。

文献资源是相对于天然资源的一种社会智力资源，是物化了的知识财富，是人们迄今为止收集积累贮藏下来的文献的总和。图书馆的文献资源主要针

对的是图书杂志等书籍类产品，是一种更优化、系统化、成熟化的信息资源。

文献资源是人们去图书馆所要获取的根本资源，文献资源的获取是人们进入图书馆的最纯正的目的。文献资源的发展决定着图书馆的发展空间。近些年，文献资源在我国的快速发展，为我国图书馆现代化发展提供了基本的保障。相信，随着科技的不断进步，文献资源在我国这样一个文化底蕴深厚的泱泱大国，会发展得越来越好。

四、图书馆法治建设和业务规范初见成效

我国是一个依法治国的国家，除了《中华人民共和国宪法》外，各行各业都有各自的法律、规范、条例等，严格约束各行各业的发展，也为其发展提供保障。图书馆也同样如此。在图书馆的建设过程中，一直在规范图书馆的法治建设，且已初见成效。在法治建设方面，图书馆界一直为拥有一部图书馆自己的法而努力，在国家尚未制定图书馆法之前，图书馆各级主管部门已为法治建设做了很多工作。例如，1982 年，文化部曾颁布《省（自治区、直辖市）图书馆条例》。1997 年，上海市颁布了《上海市公共图书馆管理办法》。同年深圳市颁布了《深圳经济特区公共图书馆条例》。2000 年，内蒙古自治区人大审议通过了《内蒙古自治区公共图书馆管理条例》。

在业务规范化建设上，图书馆界一直致力于组织修订完善《中图法》及其系列版本工作。1999 年已经出版第 4 版，现已被全国 95% 以上的图书馆采用。与此同时，图书馆界还组织编制了《汉语主题词表》和《中国分类主题词表》，这些工作都为中国图书馆业务规范打下了较好的基础。

这几年有关部门还组织编制了《图书馆建筑设计规范》，中国图书馆学会建筑与设备专业委员会也邀请有关专家起草了《图书馆建筑评估指标体系》。自此，中国图书馆建筑有了自己的行业标准，对国内新建图书馆建筑也有了评估依据。

《中华人民共和国公共图书馆法（草案）》将对政府在公共图书馆建设运行方面的职责，图书馆依法保护读者权利、接受读者的监督等方面做出规范，必将极大推进公共图书馆事业的发展，较好地保障人民群众的公共读书阅览权利。

与文化文物工作密切相关的另一部重要法律——《中华人民共和国文物

保护法》的修改也列入了本届全国人大常委会预备实施类项目，相关工作正在积极准备中。

2008年，文化部牵头启动了《公共图书馆法》立法工作。2010年提交了《公共图书馆法（草案）》初稿。相关部门按照立法程序进行审查时，提出了不少修改意见。《公共图书馆法（草案）》初稿需要进一步完善。比如，如何将党的十八届三中、四中全会精神融入《公共图书馆法（草案）》之中；如何使《公共图书馆法（草案）》突破文化系统的局限性，面向全社会，包括民营图书馆；如何使《公共图书馆法（草案）》更加具有针对性和可操作性；如何使《公共图书馆法（草案）》更好地体现为读者服务的宗旨，等等，这些问题都是完善《公共图书馆法（草案）》初稿需要解决的问题，也是社会和文化教研部及文化政策与管理研究中心需要完成的任务。

近年来，社会和文化教研部、文化政策与管理研究中心承担了《公共文化服务保障法》《文化部、财政部关于推动特色文化产业发展的指导意见》《文化部关于贯彻落实〈国务院关于推进文化创意和设计服务与相关产业融合发展的若干意见〉的实施意见》等多项法律政策文件草案的起草和制定，受到文化部及相关部门的肯定。此次受文化部委托，承担完善《公共图书馆法（草案）》的工作，主要有两项任务：一是完善《公共图书馆法（草案）》文本，二是提交一份研究报告。

在现代图书馆快速发展的近几十年间，我们可以看到各级各部门都非常重视规范图书馆的发展，无论是文化部、标准局还是相关的单位，都在不断努力，且取得了一定的成效，相关条例、标准、规范的出台，显示了我们在图书馆建设过程取得了一定的成绩。但是，随着社会的高速发展，我们还没有统一的图书馆法律规范，不过，这种局面会很快被打破，特别是《中华人民共和国公共图书馆法（草案）》已经得以提交，相信随着各界人士的持续努力，国家在不久的将来一定可以出台相对完善的图书馆法律，来规范图书馆更好地发展。

五、文献信息服务出现新面貌

图书馆是人们学习、查阅资料的重要场所，而一个图书馆的文献信息服务水平的高低，直接决定了图书馆的发展空间。图书馆收藏着大量的文献信息资源，积极地开发、广泛地利用这些文献资源是图书馆的重要职能之一，它也是图书馆承担各种职能的基础。由于当今社会文献的生产数量大、增长快；社会文献的类型复杂、形式多样；文献的时效性强；文献的传播速度加快；文献的内容交叉重复；文献所用语种在扩大、质量下降等特点，使人们普遍感到利用起来十分不容易。图书馆通过对文献信息资源进行加工整理、科学分析综合、指引，形成有秩序、有规律、源源不断的信息流，进行更加广泛的交流与传递，使读者更好地利用它们。图书馆的文献资源开发包括下面几项内容：第一，对到馆的文献进行验收、登记、分类、编目、加工，最后调配到各借阅室，以便科学排架，合理流通；第二，对馆外文献信息资源进行搜索、过滤，成为虚拟馆藏，形成更加宽广、快捷的信息通道；第三，通过最现代化的手段——计算机网络操作技术使馆藏文献走向数字化。

文献传递服务主要是解决如何通过图书馆获取自己无法找到的文献资料的问题，文献资料包括国内外的图书、论文和专利等，主要来源于 CALIS 和 CASHL 两个文献传递服务网内成员馆馆藏及国家科技文献中心（NSTL）和中国地质图书馆等。

（一）电子图书馆的出现让文献信息服务迈上了一个新台阶

电子图书馆，是随着电版物的出现、网络通信技术的发展而逐渐出现的。电子图书馆，具有存储能力大、速度快、保存时间长、成本低、便于交流等特点。光盘这一海量存储器，能够存储比传统图书多几千倍的信息，比微缩胶卷要多得多，而且包括图像、视频、声音等。

利用 Microsoft（微软）的 Visual Fox Pro（数据库开发软件）技术管理图书馆里的图书，对馆外文献信息资源进行搜索、过滤，成为虚拟馆藏，形成更加宽广、快捷的信息通道；通过最现代化的手段——计算机网络操作技术使馆藏文献走向数字化，我们能很快地从浩如烟海的图书中，查找到自己所需要的信息资料。这样，保存信息量的时间要长得多，不存在霉烂、生虫等问题。利用网络，在远在几千里、几万里的单位、家中，都可以使用这种图书，效率极高。

1. 电子图书馆的特点

（1）文献信息电子化

电子图书馆主要收藏电子出版物，这种出版物是利用大容量电子存储技术生成的，和印刷型出版物不同，它不以纸张为载体，体积很小，价格低廉，信息存取方便。

（2）以计算机为载体

电子图书馆的文献信息，读者只能通过计算机或终端来使用这些电子出版物，如通过显示屏幕来阅读一次文献、二次文献、三次文献和视频数据等。

（3）存储量较大，灵活、方便

读者需要的文献（包括一次文献）和数据可以打印出来或存储在个人存储载体上，传统的手工借还方式已不复存在。

（4）文献信息共享

由于电子图书馆借助于网络的快速发展，每个图书馆除了自己入藏的电子出版物外，还可以通过计算机网络使用其他图书馆和信息检索服务系统的电子出版物，图书馆已由个体的概念转化为群体的概念。

（5）服务功能强大

图书馆在读者和计算机检索部门之间起中间人的作用，图书馆的服务方式更加多种多样，情报检索、参考咨询等服务将处于更加重要的地位。

（6）图书馆馆员的责任和作用将有很大改变

在电子图书馆的馆员，他们将把更多的精力用于为读者提供信息服务，如担当顾问、开展读者教育、进行情报分析、帮助读者建立提问档、组织个人电子文档、提供最新的情报源等，图书馆馆员将成为信息专业人员或某些学科的信息专家。目前电子图书馆的一些特点在某些发达国家中已初步显现出来。可以预计，随着现代科学技术的发展，未来的图书馆必将以崭新的、高度现代化的面貌出现。

2. 电子图书馆的应用

电子图书馆因其存储量大、传播速度快、资源共享等巨大优势，在各行各业都有广泛的应用。

（1）在政府单位的应用

政府单位图书馆电子阅览室的建设已经成为政府单位图书馆建设的一个

重要内容。许多政府单位都意识到电子阅览室的重要性。电子阅览室使用范围及功能主要有：不受复本数限制，亦不占用复本数，可随时查询借阅所有电子资源；方便急需使用电子资源的员工无限制地查询使用所有电子资源；其他需要经常使用资源的办公室，可以方便相关人员了解所有馆藏电子资源，无限制地查询使用所有电子资源。

（2）在普通用户中的应用

在单位内办公室，可以通过电子图书馆方便员工工作时参阅相关电子资源；单位员工在家中，可以通过电子图书馆方便员工查阅电子资源或阅读单位文化建设的相关资源，丰富员工文化生活，增强单位的凝聚力。

（二）"读者至上"的文献信息服务

图书馆不断发展的最终目的是为读者创造最大的利益，确定"读者至上"的图书馆文化，以读者对图书馆的满意程度作为衡量图书馆自身工作的主要标准。正因为图书馆坚持处处将读者利益放在首位来考虑，从而使图书馆文献信息服务出现如下新的面貌。

1. 长时间、全方位地为读者服务

现在我们很多的图书馆已做到了365天开放，每周开放72小时，极大方便了读者，使图书馆真正成了"读者之家"。

2. 服务对象更广泛、服务更便捷

扩大服务对象，敞开发证，有些图书馆已经做到了无证件就室阅览，办借书证也不受任何条件限制，使公共图书馆的大门无条件地向社会公众敞开。

3. 开放性文献信息服务

现在很多的图书馆馆藏文献实行全方位开架，让读者最大限度地接近馆藏，从而极大提高了读者对文献信息资源的利用率。

4. 提升图书馆的服务空间

设立馆外图书流通点，通过送书下乡、文化扶贫，送书到军营、厂房、工地等，全方位、多角度地拓宽了图书馆的服务空间。

5. 加大对文献资源的开发力度，增强图书馆的信息服务功能

文献服务已由以整本图书或期刊为单元，转变为以知识、信息为单元，

向用户提供有针对性的服务。图书馆还开展信息咨询、代查代译、专题剪报、定题服务等业务，图书馆服务工作正在逐步向信息服务的方向深化与发展。通过在服务过程中对文献资源的开发、挖掘、引导，使读者从中受益。

6. 另辟蹊径的特色服务

深圳图书馆设有"馆中之馆"的法律图书馆、时装图书馆，北京东城区图书馆设有包装资料馆，上海市曲阳图书馆设有影视文献中心，湖北省宜昌图书馆设有柑橘文献中心，郑州科技图书馆设有饮食图书馆，南京金陵图书馆设有广告人文库等。这些馆除了做好常规服务工作外，在特色服务上另辟蹊径，开展专题文献信息服务，并成为它们深化服务内容的一大特色。

7. 与活动相结合，形式多样

现在很多的图书馆倡导阅读，开展丰富多彩、健康向上的读书活动和社会文化活动，如举办各种讲座、读书报告会，开展优秀图书推介，新书展览，组织多种多样的读书活动，以激发广大群众的读书热情。

8. 借助互联网的发展

现代图书馆是离不开互联网的发展的。开拓网上服务，网络资源更新的速度很快，且具有迅速、交互、图文并茂的特点，图书馆还以积极的姿态培训用户，以求将更多的用户带入一个全新的知识天地。

9. 延伸性服务

图书馆业务部门开展延伸性信息服务，如通过科技查新、文献检索、翻译服务、培训服务等，为科研和企事业单位提供服务。

目前，我国图书馆在文献信息服务方面已拉开了主动服务、知识服务、创新服务、服务多样化的新的一幕。图书馆服务范围不断拓宽、服务时间不断延长、服务模式不断创新、服务内容不断深化，正是反映图书馆在我国改革开放过程中出现的一种广泛而深刻的变化。图书馆也在这一变化中获得空前的受益和发展。

我们有理由说，中国图书馆的现状总体来说是好的，中国图书馆历经艰苦探索与实践，已为21世纪图书馆可持续发展创下一份厚实的基业。当然，我们也必须看到，图书馆在发展中仍然存在着许多困难和工作的失范。诸如资金不足，文献入藏量明显不够，文献资源共享程度不高，书刊利用率低下，图书馆现代化进程缓慢，图书馆法治建设滞后，管理体制不顺，图书馆人力资源开发不够，高、中、初级人员结构严重失调，未能做到人尽其才。图书馆分布极不合理，东西部地区、经济发达与贫困地区存在着较大的不平衡现象。图书馆基本建设和图书馆现代化缺乏强有力的宏观指导，规模效应与办馆效率还未达到理想程度，甚至还有许多我们未能感知的问题。正是基于这一认识，我们有必要抱着积极的建设性的心态面对图书馆未来的发展。再造 21 世纪图书馆的辉煌，这是每一个图书馆从业人员都应当为之关注的问题。

第二节　我国现代图书馆发展中存在的问题

一、经费不足，地区发展失衡

网络环境下，图书馆的发展也面临着许多问题，图书馆的服务工作受到了严重的挑战，特别是图书馆的服务工作已经远远不能满足读者的需求。这些问题影响了图书馆职能的充分、高效发挥。

众所周知，我国图书馆的经费起点低，尽管图书馆经费经历了较快的增长，但直到目前，其绝对数额依然较小。考虑到目前图书馆基本支出特征——书刊价格不断上涨、需要采购的文献类型日益多样、以现代信息技术为核心的设备更新日益昂贵、人民生活水平改善后对办公及阅览条件的不断升级，目前图书馆经费远远不能满足其正常发展的需要。

尽管我国图书馆经费的整体水平得到了较大程度的改善，但由于各级图书馆所处的经济环境不同，地区间的差异还是很大，发展处于一种分化的状态。在经济不发达的地区，图书馆的经费投入没有保障，部分地区图书馆难以维持现状，许多地方甚至没有图书馆，特别是在西部农村，这种现象更为严重。经费投入不足、地区发展失衡已经成为我国图书馆可持续发展最为突出的问题。

首先，从东西部来看，图书馆事业东西部地区之间差距越来越大，北京、上海、江苏、浙江、山东、福建、广东图书馆事业发展很快，十分可喜。但是西部地区非常令人担忧，就文化事业经费的投入来看，中西部地区占总人口的2/3，但文化事业经费投入只占总量的44%。一级图书馆数量最多的是江苏省，上海市一级图书馆、上等级的图书馆比例是全国各省、市、区之首。而青海、西藏上等级的图书馆数量极其稀少。其次，从县级图书馆与市级、省级和国家图书馆相比来看，由于各级图书馆的投入主要靠同级财政的投入，我国的财政状况是市、省级和中央财政的财力要比县级基层财力雄厚得多，因此县级图书馆的状况要比市、省、国家图书馆差得多，无论是馆舍基础设施、技术设备等硬件条件，还是人员素质、服务水平等软件条件，都不在同一档次上。再次，从城乡差距来看，一些城市所辖区县的县级图书馆与一些农业县的县级图书馆的发展差距也十分大，有时甚至城市所辖区县的县级图书馆比一些省的省级图书馆还要好。

二、管理体制问题

图书馆管理体制是指对图书馆实施控制、监督、指导、操作的机构安排及这些机构间的权利义务关系。具体地说，图书馆管理体制决定着谁负责制定图书馆的方针、政策、标准；谁负责给予图书馆政策拨款；谁决定它的发展规划；谁对它进行监督约束；谁在业务上对它进行指导等一系列问题。

在我国，各级地方政府是我国图书馆发展的最主要决定者，地方政府不仅掌握着图书馆的发展的财权、规划权、决策权和管理权，而且地方政府对这一权力的运用情况受到的约束和监督很小，几乎没有。此外，各级图书馆所处的经济环境不同决定了我国图书馆在管理体制上实行条块分割、各自为政，难以形成协同运作、优势互补、高效服务的图书馆体系。这种管理体制致使图书馆产生了分配不公、效率低下等恶果，严重影响了图书馆正常功能和作用的发挥。

三、服务内容单一，资源共享不足

现代社会人们渴求获得不同的、深层次的信息与知识，但是作为信息部门之一的图书馆由于计划经济体制的影响，固守传统的做法致使服务内容一直停留在简单的书刊借阅上，对文献信息深加工与开发利用浅尝辄止，除纸质印刷物外，其他先进的文献信息载体形式收存甚少。这样远离市场经济需要的服务造成大多数图书馆目前难以满足读者多方面、多层次的综合性需求，从而降低了图书馆的社会地位。

在传统的图书馆管理思想的影响下，人们仍然习惯于以馆藏多少作为评价图书馆的等级标准，共享意识淡薄，缺乏全局观念，保守主义、追求"大而全""小而全"的现象依然普遍存在。领导信息管理观念淡薄，对图书馆工作的重要性还没有充分认识，闭关自守、自给自足，盲目追求大而全，造成信息资源的重复投资和严重浪费。读者并不在乎图书馆是幢什么样的建筑，在什么位置，又有多少文献，读者在乎的是图书馆能提供什么信息资源和信息服务，他们不再经常去建筑形式的图书馆，而是通过网络获取文献信息。

许多图书馆资源与服务分布较散，一站式信息服务未能实现。服务以图书馆为中心，被动地等读者上门。图书馆图书资源采集不全，有些文献没有收集。由于工作机制、人员素质及设备的限制，服务工作有许多局限性，造成读者利用效率不高。馆员对学术研究活动就很不重视，认为那是专家学者研究、探讨的东西，自己只要把本职工作做好就已经不错了，抑制了工作人员的工作积极性和主动服务的精神。

四、图书馆工作人员队伍问题

目前图书馆普遍存在的矛盾是：读者用户日益增长的信息知识需求与图书馆的信息知识提供能力相对落后之间的矛盾。而造成这一矛盾的主要因素就是图书馆的整体素质相对较低。

此外，虽然目前不少图书馆的人才结构较之前些年有长足的进步，但大部分工作人员都不是图书馆学专业或计算机专业的，普遍存在着知识结构单一、专业结构不合理等问题。部分工作人员专业知识水平不高，即使其有很好的服务态度也无法为读者解疑释难，再加上培训制度的不完善，使之传统技能和知识水平越来越无法适应图书馆现代化的发展，越来越无法满足读者利用图书馆的需求。

图书馆馆员年龄偏大、素质偏低，接受现代化知识比较慢。图书馆要实现信息化、数字化、电子化，年龄偏大的人员接受新事物较慢，不敢使用电脑网络，这样势必影响图书馆向现代化方向发展。在网络环境下，图书馆工作人员将不再只与图书打交道，而是与计算机网络打交道，图书馆的服务内容和手段都发生了巨大的变化，对图书馆馆员提出更高的业务素质要求。各级管理人员及基层操作人员在安全水平与意识上也存在着一定的差异，往往造成上下级理解不同，操作无法规范化，致使网络安全方面的措施很难达到预期的成效。

　　我国图书馆事业存在的这些问题，在很大程度上制约了我们现代图书馆的发展，如果这些问题得不到有效解决，我们图书馆现代化建设就不能实现，从而在很大程度上限制了现代图书馆的发展。

第三节　我国现代图书馆的可持续发展

我国图书馆的发展遇到不少的问题和挑战，只有充分解决这些困难，迎接挑战，才能让我们的图书馆事业持续发展，具体措施如下。

一、加大图书馆的投入，充分发挥政府职能

我国图书馆事业的经费来源，大体分为三部分：政府拨款、社会援助、自身创收。图书馆是一个公益性服务机构，其资金来源主要依靠国家和地方财政拨款。

首先，各级政府应加大对本地图书馆的经费，特别是购书的经费的投入力度，保证投入的经费到位，满足实际需要。当然，图书馆管理者也要加强公关社交，积极主动地去争取政府的支持与投入。

其次，要多举办各种对社会有益的活动。如学术研讨、文化长廊、读者交流会等活动，提高图书馆的社会知名度。争取或接受国内外机构、团体和个人捐赠的款物，包括资金、文献、图书馆办公用品及其他形式的实物。此外，图书馆也可以采取主动出击的方式获得捐赠。例如，黑龙江省佳木斯市图书馆，在市有关部门的帮助下，在佳木斯市直机关、企事业单位广泛开展捐书、捐款活动，极大地充实了该馆的图书资源。

再次，图书馆本身应艰苦创业，在国家政策、法令、法规允许的范围内，结合图书馆自身条件积极创收，以弥补财政拨款的不足。如：商业性出租图书馆闲置场地，开展一些合理的、有偿的高级信息服务。

最后，各级政府应从战略的角度充分发挥政府职能，促进图书馆的协调发展。鉴于目前我国中小型图书馆发展落后的事实，政府应加大对中小型图书馆的投入。同时，在图书馆的整体规划、合理布局、平衡发展等方面也要积极地进行统筹考虑和科学安排。

二、深化图书馆体制改革

图书馆按照"加大投入、转换机制、加强管理、增强活力"十六字方针，进行管理体制与机制的改革。馆长负责制下的图书馆基本职能依然是执行政府制定的图书馆方针、政策和发展规划，实施图书馆服务，但应逐步扩大图书馆在人事管理、资源配置、业务决策等方面的自主权。打破按行政级别设立独立图书馆的标准，改为根据当地财政能力决定是否设立独立的图书馆。在更大程度上发挥行业组织的指导、咨询作用。可在现有的图书馆间非正式联系的基础上，成立更加正式的图书馆协会。

图书馆实施知识服务是知识经济时代的必然要求，是实现可持续发展的动力源，是图书馆基本职能的延伸和发展。通过知识挖掘、组织、开发和应用，最大限度地发挥知识的功能与效益；图书馆实施知识服务，要为教学提供优质服务，为重点科研项目提供定题服务，为学科带头人提供个性化服务，图书馆馆员要熟练运用计算机网络等新技术，掌握知识导航能力，实现从一般图书工作者到新型知识工作者的转变，才能适应网络环境对图书馆馆员的要求。

计算机技术具有强大的信息处理能力，是实现图书馆数字化、自动化的有效载体。用户利用泛在图书馆提供的信息服务，可以在任何方便的时间和地点实现所需的数据库书目信息检索、查询，满足读者方便快捷的个性化服务需求。发挥图书信息化管理的优势，计算机的普及、互联网的建立，特别是信息技术引入图书馆领域之后，图书信息化成了当下的发展趋势，极大地方便了读者。在知识经济时代，网络信息从各个层次冲击着图书馆，网络的发展，使人们对图书馆获得所需信息的依赖逐渐降低，使许多读者对图书馆的信息服务能力产生了怀疑，更自寻渠道获取所需信息。馆领导要树立为馆员服务的思想，要为馆员创造和提供优良、和谐、富有人性化的工作环境和必要的后勤保障及服务，让他们保持愉悦的心情、高昂的斗志去开展工作，充分发挥他们的积极性，以实现工作目标的最大效益。

书是图书馆的血液，血液必须保持更新，藏书量的充足且多元化能明显提高图书馆的使用率，借助橱窗、多媒体工具、新书架、专题书架、书刊展示台等向读者提供有针对性的信息，这些设施不仅仅是文献资料的承载体，更是读者搜索信息的多种路径，同时图书馆也能把优秀图书和更新的信息主动呈现给读者，培养读者的图书馆意识，提高图书馆的利用率，使图书馆从往日一成不变的藏书地变成一个互动立体的信息乐园。不断改善图书馆的网络环境，建立自己的网站，引进先进的图书馆管理系统，建立检索平台。实现信息资源和知识资源的智能共享，升华服务内涵。

近一二十年，是我国图书馆事业发展较好的一段时期。经过 20 世纪 90 年代的"低谷"阶段，图书馆事业在信息技术、网络技术等技术手段的支持下，在可持续发展观不断深入的状况下，图书馆的管理和服务无论在技术设备层面，还是在理念和制度层面，均出现了一些不同于以往的新事物。特别是在东部经济、文化比较发达的地区，在一定区域范围内出现了总分馆制、图书馆联盟、图书馆之城、联合图书馆、图书馆集群等图书馆合作形态。这些都是图书馆可持续发展的表现，这些区域图书馆的发展既不同于以往的图书馆业务协作，在其中又可见到一些发达国家和地区图书馆总馆 / 分馆体制管理的影响，然而又不限于此。如上海中心图书馆的组织模式中，显然已超出系统的范围。在新信息环境中出现的这种具有中国特色的图书馆发展态势，突破以往的单馆发展模式，开始探索体系化建设，以网络为支撑，以一定的组织形式和业务协同关系将原来分散发展的图书馆个体联系成相对紧密的图书馆整体，共同为区域提供普遍均等的图书馆服务。可以看到，它的出现并不是一种孤立的图书馆现象，它是经济发展和社会进步及可持续发展观念在图书馆事业中的扩大和深入。

三、丰富图书馆的服务内容

服务是图书馆工作中永恒的主题，图书馆工作的质量与服务内容有着密不可分的关系。构建和谐社会，就是营造人与人之间关系的和谐，而图书馆通过不断提升自身的服务水平、丰富服务内容，为人与人之间的和谐、人与社会之间的和谐提供精神保障，发挥其在和谐社会中的积极作用。在构建和谐社会的过程中，图书馆可以通过以下特色服务，来使其充分发挥在和谐社会中的作用。

（一）依托图书馆的馆藏资源，扩大社会影响力

可以依托图书馆丰富的馆藏资源，聘请专家举办各种科普讲座、读书报告会、学术沙龙、专题咨询、文艺演唱会、摄影、书法、美术展览等方式，为社会提供动态服务，以便普及科学知识，弘扬科学精神，扩大社会影响，使图书馆的作用得到充分的发挥。

（二）利用图书馆的设施，为社区提供文化交流的场所

利用图书馆的会议厅、学术报告厅、展览厅、视听室及先进的网络、通信、投影、放映等设备，举办各种文化展览、学术会议和培训班。通过活动不但营造了一种文化氛围，还可以宣传图书馆，并且充分发挥了各种设施的使用价值，增大图书馆的社会效益。

（三）在图书馆设立亲子阅览室，为少年儿童提供服务

儿童和父母一起读书可以增进彼此之间的感情，减少沟通障碍，促使亲子关系更加和谐。在图书馆的亲子阅览室里，母亲可以坐在舒适的沙发上给孩子讲故事；在游戏区父亲可以和孩子玩馆内提供的智力玩具。对于少年学生，图书馆不但可以为他们提供自主学习的场所和科技活动室，还可以通过志愿者服务为他们进行学业上的辅导。

（四）为残障人士提供特殊的服务

为残疾人服务的水平在某种程度上体现着一个国家的文明程度，社会和谐的标准也包含着对残疾人的关怀程度。图书馆是社会服务的窗口，图书馆的服务不能因人而异，它的服务应该是开放的、包容的，这样才能发挥其在和谐社会中的积极作用。图书馆可以培训专门为残疾人服务的馆员，使他们熟悉残疾人的心理学知识，学习手语和盲文等技能，以便更好地为残障人士服务。还可以提供先进的盲文书、书刊录音唱片等，通过一系列针对残疾人的服务使他们享受更多的人文关怀。

四、提高馆员素质，积极吸引人才

高素质的稳定人才队伍是图书馆事业可持续发展的重要保障。各图书馆

要着眼于未来发展的全局，制订切实可行的用人原则和培训计划。现代图书馆将朝着两个方向发展，一是网络化，二是数字化。图书管理员要积极主动地不断加强培训和学习，馆领导要采取切实措施，有组织、有计划、有目的地开展灵活多样的继续教育，争取使每一位馆员都有机会参加适合自己的继续教育。熟练掌握和运用计算机、网络等现代信息技术，必须拥有计算机、数据库、网络方面的知识和技能，了解网络知识，熟悉各种网络检索工具。要掌握一定的外语知识，熟练掌握一门外语是图书馆工作的需要；要具有坚实的专业基础知识，图书馆专业基础知识和工作技能是图书馆馆员的"安身立命"之本，是图书馆各项工作发展的基础。

图书管理人员素质中，政治思想素质处于主导和说明地位。没有良好的政治思想素质，即使有再高的专业才能和组织才能，也难以发挥出来。图书管理人员还应遵守职业道德规范和行为准则，要有甘为人梯的崇高职业素养。

知识经济时代最显著的特点就是，知识将成为发展经济的资本，在生产要素中居于最重要的位置，其他所有部门的发展都依赖知识的增长，因此，知识将被作为最重要的资源得到充分的开发、传播与应用，知识的不断创新成为推动时代发展的根本动力。

现代电子学与通信技术的进步，为社会信息化提供了强大的技术推动力，通信技术与计算机的结合，实现了资源的网络化，大大提高了信息的使用价值，拓宽了信息处理的应用范围。这对数字图书馆中的图书馆馆员的素质提出了全新的要求，传统图书馆馆员工作已越来越不适应时代发展的客观要求，而一批具有多元化知识结构层次的人员，成为数字图书馆网络化环境下图书情报资料工作的主力军。

特别要注意引进专业人才。一方面要接纳有学识、有才华的图书情报专业和计算机专业毕业的大学生；另一方面要吸引事业心强、具有专门知识和技能、有较强管理能力的人才。同时，对那些不具有任何专长与特长、不适应图书馆工作的人员要予以调整。

第三章　我国现代图书馆管理体系的建设

第一节　我国现代图书馆管理的职能

一、图书馆的社会职能

（一）现代图书馆社会职能划分

职能是指人、事物、机构所应有的作用。从人的职能角度讲，是指一定职位的人完成其职务的能力；从事物的职能看，一般等同于事物的功能。机构的职能一般包括机构所承担的职权、作用等内容。根据这一定义，图书馆的社会职能也就是图书馆在社会生活中承担的责任和所起到的积极作用。1927 年成立的国际图书馆协会联合会（简称"国际图联"，International Federation of Library Associations and Institutions，IFLA）在 1975 年法国里昂举行的"图书馆职能科学讨论会"上，对图书馆的社会职能做出了总结，将图书馆的社会职能总结为如下四个方面的内容：

1. 保存文化遗产

人类社会在自身发展的过程，为了适应交流的需要，创造了文字，并将其记录在一定的载体上，形成了文献信息资源。为了方便以后生活中继续利用这些文献，古人将这些文献有目的地进行收集和保存，这样图书馆就诞生了。所以，图书馆最主要和最古老的一项功能就是搜集、整理、加工、管理这些记载了从古至今人类历史的发展和演变的珍贵的文献信息资源。这些代表各个民族文化财富和人类文化典籍的文献包括历史方面的、文学方面的、科学技术方面的等等，都是人类智慧的集中体现，正是这些文献资源的保存使人类文明不断前进和发展。

当前，图书馆在保存作为人类文化遗产的文献信息资源上面临新的发展和机遇，这主要归因于计算机的普及和发展。因为随着人类社会的发展，文献资源的存储量急剧增加，而纸版文献对场地和环境的要求给图书馆带来极大的负担。好在科学技术的发展使文献载体发生了翻天覆地的变化，磁、光技术的运用，使图书馆的文献信息资源可以无限扩张，读者运用得也更加方便、快捷。

2.开展社会教育

图书馆素有"知识的宝库""没有围墙的大学"的别称。这主要是因为图书馆拥有为数众多的文献信息资源，这些文献资源作为人类文化科学技术思想的结晶，为读者提供了用以学习的雄厚物质基础。

图书馆进行社会教育，还表现在为读者提供了如学习的场地、学习设备，方便受教育者可以长期的、自由地利用图书馆进行学习等。目前，图书馆的教育方式是以自学为主，这正符合了"终身教育"为核心的现代教育思想。在"终身学习是世纪的生存概念"的影响下，越来越多的人在离开校园后仍然进行着自学，这时图书馆的教育优势就充分发挥出来了，成为自学者的首选场所。而对于没有充裕时间到图书馆学习的人来讲，数字图书馆的远程教育功能，极好地解决了这一问题。通过利用计算机上的互联网络服务，图书馆的教育范围在时间和空间上得到极大延伸，学习的分散性和灵活性也得到增加，更主要的是图书馆丰富的文献信息资源和可以方便获取的服务方式，极大提高了读者自学的主动性和积极性。

此外，在大学图书馆中，图书馆作为高校的基本教育设施，是"学校的第二课堂"，它还直接承担着培养人才的重任。这些都是图书馆在社会教育中扮演重要角色的体现。

3.传递科学技术情报

传递科学技术情报是图书馆的又一主要社会职能。由于当今社会文献信息资源具有生产数量大、增长速度快，社会文献的类型复杂、形式多样和时效性强等特点，使传统的文献信息资源收藏思想——"自我中心论"，即强求"你有的我有，你没有的我也要有"的"大而全"的思想面临崩溃。馆际交流、合作、资源共享正随着网络技术的蓬勃发展而兴盛起来，成为今后图书馆发展的新方向。

其实资源共享概念早在20世纪的五六十年代就由图书馆界的有识之士提出了，为的就是图书馆之间相互分享资源，跨馆际地为读者提供所需的服务，使文献信息资源得到更广泛的应用。不过，早期文献资源的共享仅限于馆际互借这样相对简单的服务方式，但随着网络技术的发展，图书馆传递科学情报的职能得到进一步的发展，资源共享成为图书馆发展的主要方向，图书馆的隔绝性逐渐消失。如：中国高校启动和实施的文献信息资源共享系统（CALIS）就把全国高校图书馆联结为一个整体，建立"全国中心—地区中心—高校图书馆"三级联合保障体系，通过网络为中国高等教育和学术研究传递文献信息，提供学术支持，有力地促进了高校图书馆文献信息的利用。

目前，图书馆正以前所未有的传递科学情报的深广范围和快捷速度的形象出现在世人面前。首先，传递的内容由基本信息向原文查阅和传递为主。其次，定题服务、科技查新、学科管员等这些创新型服务使图书馆科技情报传递的方式也由被动向主动方向转变。最后，馆际互动的方式由过去封闭、烦琐、简单的互借服务向开放式、网络化、深层服务转化。

4. 开发智力资源

智力资源是指在人类文明发展历程中所创造、积累的物化成果精神财富和未被发现和认识的潜在信息。图书馆工作中涉及的智力资源内容包括馆藏文献信息资源和网上相关文献信息资源。传统智力资源开发是指对馆内文献资源进行二次、三次甚至多次加工，使之更适应读者的需求。但随着科学技术的发展，图书馆开发智力资源的功能得到了极大发展。

首先，智力资源开发的内容范围扩大。图书馆在原有馆藏文献资源的基础上，依靠计算机网络，使图书馆文献资源实现了开发内容的扩大，不再单纯依靠手头信息进行信息的开发和利用。内容范围上的扩大，让读者不再感觉文献信息资源的匮乏，而是信息资源的膨胀，文献信息资源的储备远超过人的涉猎范围。

其次，智力资源开发的手段和方法更加现代化和多样化。专业数据库和信息库的建立和使用让读者更加便利地寻找到自己所需要的信息。

最后，服务对象的扩展化。以前，图书馆受自身场所空间上的限制，其服务对象仅限于周边较近的读者群。如果其他地区的读者需要获取该馆的馆藏文献信息资源，多数需要亲自上门查阅，但受网络服务的影响，远方的读者现在可以在异地获得很多与本地读者同样的服务。

除了以上四种基本社会职能外，越来越多的学者认为丰富人类的文化生活也是图书馆的社会职能之一。因为，健康的文化娱乐是人类社会生活中不可缺少的组成部分。图书馆是社会文化生活中心之一，所以，图书馆在丰富人类文化生活中具有很重要的地位和作用。人们不仅可以去图书馆里借阅自己喜爱的图书、报纸、画刊，还可以享受图书馆的文化氛围。图书馆也应有的放矢地开展更多的文化娱乐活动，如向公众提供学术会议、大型展示会、报告会、研究会，甚至音乐会、电影、文艺演出、文化旅游等，丰富图书馆的服务项目、拓展图书馆的服务功能。

（二）图书馆社会职能的实现

1. 改善图书馆的办馆条件，创造舒适的阅览环境

图书馆作为一个特殊的公共场所，要注重以文化氛围来营造良好的阅览环境。一个具有优越人文环境的图书馆，才能更吸引读者前往图书馆。所以，我们会发现，很多图书馆都是一个城市或一所大学的标志性建筑。除了富有特色的建筑物外表，馆内设施的齐备和环境优雅同样重要。名言警句，书画长廊，丰富多彩的宣传、导读，都会让读者产生一种平静、良好的心理效应，使读者的心灵得到净化，产生求知的渴望，使其更好地进入学习的状态。

2. 提高馆内文献信息资源质量，建设特色馆藏资源

在激烈竞争的信息和知识经济社会中，人们要生存和成功，就要具有良好的综合素质。而公共图书馆正是培养人们综合素质、开发创新能力的最佳课堂。图书馆是人类文献信息的集散地，理应最大限度地开放教育资源，满足社会成员的学习需求。但图书馆由于资金限制等原因，不可能满足所有读者的信息需求。这时就需要根据图书馆自身建设的特点及服务对象的特点，有所选择地增加馆藏资源，力图形成自己的馆藏特色。

图书馆还应通过对文献信息资源进行二次、三次及更多次的加工、整理和科学的分析、指引，最终形成有秩序、有规律的信息流，使读者更方便地利用它们。如：对到馆的文献进行验收、登记、分类、编目、加工，最后调配到各借阅室，以便科学排架，合理的流通；对馆外文献信息资源进行搜索、过滤，成为虚拟馆藏，形成更加宽广、快捷的信息通道，以及通过最现代化的手段——计算机网络技术使馆藏文献走向数字化。

3. 加速信息开发，保证优质服务

图书馆收藏着大量的文献信息资源，积极地开发，广泛地利用这些文献资源是实现图书馆社会职能的重要工作内容。尤其是当前用户的知识信息需求呈现出全方位和综合化、开放性和社会化、集成化和高效率的趋势，使图书馆传统的信息服务方式显得被动、无力，为了能用更方便、快捷的方式取代原有服务方式，以便为用户提供优质服务，图书馆应加快信息服务建设，使图书馆与整个社会的经济发展、信息交流融为一体，成为知识物化为生产力的桥梁，具体可以从以下几项入手：首先，更加广泛地应用计算机技术，使自动化技术的应用范围继续加大，随时随地满足读者和用户的需求；其次，应用多媒体等技术，提供专业性强、形式多样、来源广泛的知识信息，使信息服务超越时空、地域和对象的限制，更好地满足知识经济社会中，读者的信息需求；最后，利用馆员的专业技术，建设研究型图书馆，满足高层次读者需求，使图书馆成为引导社会发展，推动社会进步的力量。

4. 成为社会信息咨询服务的中心

咨询服务就是根据读者和用户的需求，进行信息的传递与共享。在信息社会，人们的生活节奏加快，加之信息膨胀，社会各个阶层都深感自我调节和处理问题的能力减弱，渴望社会咨询机构的协助，特别是在社会转型期人们的心理承受力处于临界点更需关怀协助，而图书馆正是公认的社会咨询中心。图书馆具有的公益性、公共性特点，使其在运用自身深厚的文化力和丰富的信息资源时，占有得天独厚的条件，可以成为社会生活的咨询中心。同时，咨询服务使图书馆工作摆脱传统图书馆静态服务模式，而有了新的飞跃。

5. 提高馆员的综合素质

图书馆工作是一项专业性、技术性、创造性很强的专门化工作，馆员的思想品质、文化程度和工作能力直接影响着图书馆职能的发挥。因此，馆员

应该本着对工作的极大热情和责任时刻注意收集各种信息，关注学术研究的最新发展动态和信息存贮、处理手段的前沿信息，应有渊博的知识和丰富的实践经验，深入掌握图书情报理论及相关知识，精通一门或一门以上的专业知识；还应具备一定的计算机知识。另外，由于国际联系日益密切，用户不仅需要国内信息，还需要国外的信息。这样，外语水平也就成为馆员必备的素质。

同时，"终身教育"的思想理念也适用于图书馆馆员，面对如此快速发展的信息社会，馆员必须注意自身知识的更新和完善。图书馆也应为馆员创造更多的学习条件，以满足图书馆在信息社会的发展。

二、图书馆的范畴

图书馆管理的范畴是图书馆管理活动中各种要素、关系的普遍联系和全面发展的不同侧面的反映。图书馆系统内部充满着各种矛盾，图书馆管理范畴就是从不同角度反映图书馆系统中各种因素的既对立又统一的辩证关系，它们是图书馆管理的本质和运动规律的不同表现形式，也是各种管理要素和运动过程之间相互作用的交错点和"结合部"。这些范畴来源于图书馆管理实践，同时又是对管理科学各种普遍概念的综合和提升，它们随着图书馆管理实践的发展而发展，反过来又指导着人们的图书馆管理实践。

（一）主体与客体

管理主体是指具有一定管理能力、拥有相应的权威和责任、从事现实管理活动的人，也就是通常所说的管理者。管理主体具有能动性、创造性、自主性等特性。

图书馆的管理主体通常由两个部分构成：一是根据图书馆既定目标将目标任务分解为各类管理活动、工作任务和负有最终督促完成既定目标的人，这类人通常是图书馆的核心人物，或者说是图书馆的高级领导人员，如馆长、副馆长等。二是各方面具体执行诸如计划、组织、协调、控制、经营等管理活动的人，这类人通常是图书馆的骨干人物，如各部门主任。

现实的图书馆管理活动是一种多层次的综合活动，管理主体通常是由许多个人按一定形式组织起来的整体，这种担负管理主体功能的整体就是管理主体系统。从管理主体的不同职能性质来说，管理主体系统是由处于不同职权地位、担负不同管理职能的人相互组合而成的。一般来说，图书馆管理主体系统由四个部分组成，或者说包括四个子系统，即决策系统、执行系统、监督系统和参谋系统。

管理客体是指进入了管理主体活动领域、并能接受管理主体的协调和组织作用、以人为中心的客观对象系统。这一规定概括地表明了管理客体的特性，即客观性、可控性、系统性和对象性。

图书馆内的管理客体范围较大。首先，图书馆的一般成员均是管理的客体，他们执行组织分配的工作任务，遵照一定的运行规则进行工作，以求获得良好的工作成绩。其次，图书馆中的其他资源，如信息资源、物质资源、金融资源、关系资源等均是管理的客体，都是管理的收受者，它们在管理的作用下经过特定的技术转换过程就成为良好的产出物。再次，当图书馆向外扩展自己的生存空间时，必定要作用于相关的人、财、物、信息或其他组织，这些因素也就相应地成为本图书馆管理的客体，只是这类管理客体不一定很确定，而经常会变动。

管理主体与管理客体是组成图书馆系统实体结构的两极，它们之间的相互联系和相互作用构成了图书馆系统及其运动。然而，这种联系和作用是通过管理组织这一形式而发生的。管理组织是图书馆系统的现实表现形式。管理主体与管理客体不仅通过组织的形式相互联系，而且通过组织的形式相互转化。这种转化指的是管理主体与管理客体在管理活动中各依一定的条件，使自己的地位向其对立面转化。管理主体与管理客体在图书馆系统中的相互转化有不同的表现形式：一种是地位的转化，这是由图书馆职权层次的变化而引起的；一种是角色的转化，这是由图书馆行为的变化而引起的；还有一种是自身的转化，这是由组织成员自我意识的变化而引起的。正确认识这种转化，对于理解图书馆系统的辩证性质有着重要意义。

（二）硬件与软件

一般来说，图书馆管理活动是由两类既相互对立又相互统一的因素所组成的：一类是活动的物质性载体，它具有一定的感性存在形式，具有稳定性、被动性的特点，称为"硬件"。另一类是使物质性载体能够按一定方式组合起来并产生现实活动的精神性因素，它往往不具有固定的感性存在形式，而具有变动性、创造性、主动性等特点，称为"软件"。这里的硬件和软件都是泛指与图书馆管理活动有关的事物、过程、方法、成果等，具有普遍的意义。

硬件与软件的划分具有相对性和模糊性，只有把两者同时放在图书馆管理活动中进行比较，才具有较为确定的意义。在图书馆系统中，如果把馆舍、文献、信息技术设备等因素看作是硬件，那么人的精神因素就是软件；在组织结构中，如果组成图书馆的个人是硬件，那么指导人的行为的价值观念、道德情操、理想信念等就是软件；在组织形式中，如果正式组织是硬件即"硬组织"，那么非正式组织就是软件即"软组织"；在管理技术中，如果把具有比较固定程式的数学分析方法和计算机技术方法称为硬件即"硬技术"，那么那些具有创造性、没有固定程式的其他管理技术就是软件即"软技术"；在管理模式中，把图书馆管理单纯看成一种科学，强调运用数学和逻辑方法，以及各种严格的制度和标准化原理来进行管理，这就是"硬管理"；而把管理看成一种艺术，强调对人的思想情感及各种非理性因素进行激励，运用非逻辑的创造性方法进行管理，这就是"软管理"。

在图书馆管理活动中，硬件和软件相互依存，相互促进，共同作用，谁也离不开谁。一方面，硬件是软件的基础。任何管理都必须具有正式的和相对固定的组织形式，必须有明确的职务、权力和责任的划分，必须有严格的大家都要遵循的规章制度，必须运用各种物质手段来组织和协调人们的活动。图书馆系统也必须有稳定的输入和输出关系，即既有一定的物质、能量和信息输入，又有一定的信息产品和信息服务输出。这些看得见、摸得着的有形事物是图书馆管理赖以存在和进行的物质基础，离开了这些硬件，软件就失去了自身依托的物质外壳，任何方法、手段、指令、程序等都无法显示其功能，图书馆管理也就根本不能存在。另一方面，软件是硬件的灵魂。任何管理如果只有硬件而没有相应的软件，那么硬件就只能是没有活力的"死东西"。一个图书馆系统，如果只有单纯的组织结构形式，只有一些硬的规章制度，而组织成员缺乏共同的目标、愿望、动机等软件，那么这样的图书馆是无法进行有效的管理活动的。管理的核心因素是人，而人总是有着自己的需要和追求，有着自己的情感和意志，这些"软件"是图书馆的各种结构和形式等"硬件"的灵魂，它规定着硬件的组成形式，引导着硬件的发展方向。

在图书馆管理活动中，硬件和软件不但相互依存，而且可以相互转化。这种转化包括了硬件的软化和软件的硬化两个方面，它们是和图书馆管理过程紧密联系在一起的。

（三）利益与责任

利益是标志人的物质和精神需要能否满足及满足程度的范畴。人们有各种各样的需要，也就有各种各样的利益。人的需要有高低不同的层次，利益也有根本和非根本之别。

责任是一种对自己采取的行为及行为的社会意义的自觉意识和实践。对于自己责任的自觉意识通常称为责任心或责任感。责任感一般从激发和控制这两个方面将自己的行为确定在与自己的地位和职务相适应的范围内。激发行为是对应尽责任的鼓励，控制行为则是对超越责任的限制。

利益和责任在图书馆管理活动中是一对矛盾。首先，二者在方向上相互分离，有时甚至呈现出相互排斥的倾向。利益反映了整个图书馆、图书馆各部门、部门内各小组或馆员的需要，由外向内具有收敛性；而责任则要求整个图书馆、图书馆各部门、部门内各小组或馆员付出（劳动、努力等），是由内向外发出的影响，具有发散性。其次，利益和责任相互包含，表现了二者的一致。任何利益中都包含着责任成分，没有责任的利益是根本无法满足的，也是不存在的；任何责任中也都包含着利益，责任中如果不包含一定的利益，所谓履行责任就没有了动力和基础。再次，利益和责任能够相互转化。利益在实现的过程中必然转化为责任，不尽责任，就没法也不能取得利益；而责任在履行的过程中也必然转化为利益，这是尽责任应得的报酬。图书馆管理者在管理实践中的两个基本任务就是：一方面，将个人的、小组的、部门的或整个图书馆的利益获得过程设计为履行各自职责的过程；另一方面，把履行职责的结果同个人、小组、部门或整个图书馆的利益结合起来。

（四）集权与分权

集权与分权是表征管理职权在管理空间中的分布状态和运动方向的范畴。

集权既指管理活动中的集中统一指挥，又指权力向上层逐步收缩的过程。从职权在管理空间中分布的状态来说，集权意味着主要的管理职权（如决策权、人事权、财政权、奖惩权等）集中于高层领导，特别是最高领导层，而中下层只有处理例行的日常事务和工作的权力，而且即使是这些权力的执行也必须处于上级的有效控制之中。从职权的运动方向来说，它意味着下级某些权力被缩小乃至取消，并向上级组织或专门机构集中，这种集权化的运动方向是由下向上逐步收敛的。

集权一般有两种途径：一是规定限制下级组织或非专门组织裁决问题范围的一般标准。即规定它们该管哪些事，不该管哪些事，哪些事可以自己做主，哪些事必须报上级批准。二是撤销下级组织或专门组织的实际决策职能来集中决策职能。这种方式在某些特殊情况下会采用，譬如，某图书馆的购书经费很充足，但藏书结构多年来一直不合理，于是由馆长或一名副馆长亲自指挥采购部的工作。

分权就是分散权力，即上级部门将某些问题的决策权移交给下级部门。从职权在管理空间中分布的状态来说，就是中下层各级管理人员拥有某些问题的决策权，高层领导只保留重大问题的决策权和在政策、目标、任务方面的必要控制权。从职权运动的方向来说，它意味着下级部门自主性和独立性的加强，许多职权从上级向下级分散，这种分权化的趋势是自上而下逐步发散的。

在图书馆管理活动中，集权与分权是辩证的统一。首先，集权和分权各有利弊，因此必须互相补充。在图书馆管理过程中，关键是要把握好集权和分权的度。过度集权，什么都管，不仅上级决策的正确性不能保证，还会扼杀下级工作的积极性和主动性；过度分权，什么事情都撒手不管，则可能使上级对下级失去控制。其次，集权与分权在一定条件下互相转化。这种转化一般有两种形式：一种是被动的转化，即在过度集权或过度分权的管理阻碍图书馆各项业务活动发展的情况下，由过度集权向分权或由过度分权向集权转化。另一种是主动的转化，即在问题出现之前就注意调整集权和分权的关系，在动态中把握二者变化的度，及时消除偶然出现的过度集权或分权现象。

（五）有序与无序

有序和无序是标志组织协调程度的矛盾范畴。有序是指管理系统的各个要素之间相互联系、相互作用和相互转化中有规则的、有秩序的状态和运动趋势；无序是指这种联系、作用和转化中无规则、无秩序的状态和运动趋势。

图书馆系统中的有序和无序标志着管理组织的协调程度，这种协调程度是管理主体有意识的自觉活动的结果。图书馆系统的各种要素并不能自发地形成具有管理功能的组织。要形成组织，就必须通过自觉的组织活动，把各种相互之间无规则、无秩序的要素（主要是人）在一个统一目标、统一行为规范和统一的结构形式中组合起来，这种组合也就是把各个要素由无序状态转变为具有一定规则和秩序的有序状态。有序是图书馆系统的一个本质特征。图书馆就是通过设立共同目标来协调馆员各不相同的无秩序的目标，通过明确的责、权、利的规定来协调各个部门和馆员之间不确定的相互作用方式，通过规章制度来协调馆员无规则的行为，通过有效的管理工作来协调复杂多变的人际关系和不同的心理情感。这样，图书馆中各个部分之间就能够按照规范准则统一意志，按照共同目标统一方向，按照规章制度统一行动，整个图书馆呈现出有规则、有秩序的状态，这即是有序性。因此，图书馆就是通过有意识的主动管理行为，使无序的因素组织成有序的系统。从这个意义上说，图书馆管理就是通过协调来达到有序结构的实践活动。

然而，在各种组织结构中无序也总是存在的，任何图书馆中都存在着一种反抗协调而自发趋向无规则、无秩序状态的力量。图书馆中的这种无序一般有两种表现形式：一是受控的无序状态。在统一的图书馆系统中，每个人都扮演不同的角色，有着自己的利益、目标和爱好，外部环境又总是给予一些随机性的干扰，这些因素是图书馆的协调活动不可能消除的。同时，图书馆中必然存在的分权和结构软化、简化的运动，不可避免地增强着图书馆中各个部分和个人的自主性、独立性、竞争性的运动趋势。这样，有序的结构中就必然会产生对原来确定位置的无规则、无秩序的偏离，形成一种无序的涨落。这种涨落一般总是在一定限度之内进行，有效的控制总是会把偏离度过大的因素重新拉回到合理的范围之内，使它不致形成失控状态。这种受控的无序状态是保持一个图书馆的活力所完全必需的，也是一个有效图书馆系统所必然存在的，所以是一种良性的无序。二是失控的无序状态。如果图书馆自身的组织结构不合理，管理者决策或指挥失误，或者外界环境急剧恶化，造成了对图书馆的巨大冲击力，都有可能使图书馆的协调和控制失效，原来的组织目标、规章制度和职权结构失去了对各个因素相互作用的制约力，图书馆中无规则、无秩序的运动趋势极大加强，再也无法把这种涨落控制在合理的范围内，这就是失控的无序状态。这种无序，轻则造成效率低下，管理混乱，图书馆目标难以实现；重则致使整个图书馆分崩离析，管理完全失败。这种失控的无序是一种恶性的无序，对图书馆有极大的危害性，所以必须极力防止。

图书馆系统中的有序和无序还标志着管理运动程序化的程度，这种程序化是管理过程各种机制和职能有机联系和转化的结果。一个相对完整的管理进程是以决策为中心，包含了计划、组织、领导、控制和评价等一系列阶段的职能和过程的统一体，这些职能和过程相互有机联系和转化，形成了图书馆管理运动的一定程序。这个程序规定了图书馆系统在达到目标的过程中所应该遵循的行为步骤和秩序，使管理运动的整个过程表现出一种在时间进程中的规则和秩序，这就是管理过程的有序化。一个有序的图书馆管理过程必然表现为各种管理活动瞻前顾后，井井有条。当上一阶段尚未完成，条件尚未具备时，不轻易进行下一阶段的工作；而当条件具备时，又不失时机地把管理过程推移到新的阶段，做到管理过程间断性与连续性的辩证统一。在每一阶段中善于抓住重点，顾及全面，突破难关，带动其他；而当内外环境发生变化时，又能适时地转移工作的重心，整个管理过程呈现出主次适宜、轻重得当，有节奏、有规律地向前推进，做到管理过程起伏性和前进性的辩证统一。这就是图书馆管理运动的程序化。

然而，图书馆管理运动又具有非程序化的一面，即存在着管理过程的无序。这种无序同样有两种情况：一种是由于外界环境和图书馆系统内部各种关系的随机变化，使原来固定的程序不得不被打破，出现错位、扰动甚至颠倒的情况。例如，在开始实施图书馆计划之后，发现计划与客观实际严重不符，或者客观情况已经发生了重大的变化，这就必须停止原计划的执行，重新回到修改或重新制定计划的阶段。这就是要求保持管理过程的良性无序，这种无序即是灵活性，是任何成功的图书馆管理运动所必须具有的性质。另一种管理过程的无序就大不一样。这种无序的根源是图书馆管理者主观思维与客观实际发生严重背离，它表现为原来制定的程序本身严重失误，与实际情况的变化根本不相适应；或者是图书馆管理者在执行程序时掉以轻心，严重失职，完全不顾眼前现实的管理情境。这种无序只能造成整个管理程序完全被打乱，管理运动严重失控，管理过程处于一种被动应付、穷于招架、目标不清、方寸全乱的完全随机漂移的境地。这种管理过程的恶性无序只能导致图书馆管理的失败。

因此，从质的规定性来看，图书馆管理的有序和无序有两种形态：一种标志管理组织的协调程度，即组织结构的有序性；一种标志管理运动程序化程度，即管理过程的有序性。前者是空间结构规则性和秩序性的反映，后者是时间结构规则性和秩序性的反映。也可以说，有序和无序是图书馆系统在时空结构中的规则性和秩序性程度的综合反映。

（六）稳定与改革

稳定和改革是图书馆系统在其发展的历史过程中两种不同的状态和趋势。稳定是指图书馆系统在其发展过程中总体的状态和趋势保持不变，即处于相对静止的状况；改革是指图书馆系统总体的状态和趋势发生重大变化，即处于显著变动的状况。

图书馆管理的一切要素、一切过程都具有稳定性，否则，图书馆管理活动就无法正常进行，也无法对管理要素和过程进行研究。但是，图书馆管理活动的相对静止和相对稳定是有条件的、暂时的。首先，当我们说某些管理要素处于稳定状态时，只是相对于一定的管理系统和时间、地点而言。在某一特定的图书馆系统中，管理者和被管理者的划分是稳定的，但离开这个特定的系统，进入其他管理系统，情况就会发生变化。其次，稳定包含管理活动中的量变。当图书馆管理过程的某一阶段、某一种管理模式或体制仍然保持着它们自身的性质、没有发生质变的情况下，我们就认为它们是相对稳定的。但与此同时，它们在性质不变的情况下还发生着其他变化。例如，计划过程在没有向组织过程发生飞跃前，内部发生着由初选目标向预测、预算、决定方案的量变，这并没有改变计划过程的性质，我们就说它是稳定的。某一管理模式中的内部矛盾还未尖锐到炸毁这种体制的外壳时，我们就说这种管理模式是相对稳定的。

改革是图书馆管理活动中的质变，确切地说是指一种管理模式或管理体制向另一种管理模式或管理体制的飞跃。改革是由图书馆内在矛盾推动的自我发展和自我否定。一方面，它是旧的管理模式向新的管理模式的质变，是管理旧过程连续性的中断，体现了图书馆管理活动发展的阶段性。另一方面，它继续保留并改造了旧的管理活动的积极成果，作为新管理过程存在和发展的基础，因而把新旧管理过程联系起来，体现了图书馆管理过程发展的连续性。

图书馆管理中的稳定和改革是辩证统一的。首先，稳定和改革相互包含、相互渗透。在图书馆管理模式的全面质变发生之前，图书馆管理活动虽然处于相对稳定状态，但局部的改革总是经常不断的。任何一个具体的图书馆管理过程中间都有改革。例如，控制过程对组织过程来说就是改革组织管理，控制过程对计划过程的反馈也是改革。改革是动态管理的基本特征，而一切有效的管理本质上都是动态管理。所以，稳定中有改革的因素。另外，改革中也有稳定的因素。改革不是一阵风、一股浪，它是一个持续稳定的过程。改革要有一定的步骤，改革中推行的政策、组织体制、管理方法等需要一定的稳定度，以便观察、评价和控制，并在改革过程中巩固自己的成果。其次，稳定和改革具有相互转化的趋势。管理模式的相对静止、管理过程的量变使整个图书馆管理活动在一定时期呈现出稳定状态，似乎一切都在按部就班地正常运转。其实不然，这背后孕育着各种矛盾。当这些矛盾尖锐到不冲破旧的管理体制其管理活动就会严重阻碍各项业务活动发展时，全面的改革就不可避免了。当通过改革建立起新的管理体制后，这种管理体制下的管理活动基本上是适合各项业务活动发展需要的，这时就需要保持管理体制的稳定来巩固改革的成果。总之，"稳定—改革—稳定"是管理体制发展的实际过程，这个过程的不断推移就是图书馆管理活动的进化和升级过程。

总之，图书馆管理的范畴是图书馆管理活动中个人与组织、组织与环境这两个基本问题的具体展开，作为矛盾统一体的每一对范畴在现实的图书馆管理活动中并不是孤立存在的，而是紧密联系并和图书馆管理的运动规律相互结合综合地发挥作用。当我们用这些范畴去分析现实的图书馆管理活动及其矛盾时，应该注意这些范畴之间的相互联系和相互转化，注意它们在反映图书馆管理的本质和规律中的特殊性和普遍性，注意它们与活生生的图书馆管理现实运动及蓬勃发展的图书馆管理学的有机结合。

第二节 我国现代图书馆管理的原理

一、管理思想与管理理论的产生与发展

社会进步离不开管理的推动，管理是对组织资源进行有效整合以达成组织既定目标与责任的动态创造性活动，是一种实践、一门艺术。管理思想和管理理论都是人们在实践中践行出的经验总结，虽然这些思想与理论形成学科不过一百多年，但却有其深深的根源，并早已经融入社会的各行各业，管理早已成为人类日常生活中的普遍行为。

（一）中国古代管理思想理论

人类文明从诞生之初就伴随着人类的管理行为。对于管理实践所产生的管理思想和理论，由于中西方文化的基础不同，产生了很大的差异。但中西方的管理思想都是人类文明的结果，其合理的内核都对人类社会的管理发展起着积极的作用。中国古代的管理思想相对于西方管理思想来讲，其体系和结构完全不同，是从另外不同的角度揭示了管理的规律。

在我国，古代的管理思想的代表有儒家、道家、法家、兵家等各流派，不管这些管理思想政治意义上的功过是非，仅从它们在管理国家、巩固政权、统率军队、组织战争、治理经济、发展生产、安定社会来讲，这些管理思想即使是在当今的社会，也有着极其重要的指导作用。其中儒家管理思想作为我国传统文化的主流强调中庸、强调人和，是一种人本管理的思想。而道家思想的最高范畴就是"道"，"道"是天地万物变化的普遍规律，强调"无为而治"。道家管理思想既强调宏观调控，又注重微观权术，是适用于任何管理过程的原则。法家是以"法治"为核心思想，虽然这种"法治"与现代社会的法治意义完全不同，但法家强调普遍规律与特殊规律的关系，认为做

事必须尊重客观规律，同时强调管理体系的完备性。兵家管理思想充满了辩证法的思想，其包含的大量战略与战术思想是现今企业管理可借鉴的管理经验和管理原则。总之，中国古代管理思想对今天的各项管理工作，特别是对市场竞争环境激烈中的企业，更具有重大的现实意义。

（二）西方古典管理理论的形成

在西方，管理学演变的过程经历了古典管理、行为科学管理和现代管理三个阶段。每种管理学派分别从自己的学科优势出发，从不同的角度、用不同的方法对管理问题进行了研究，不断发展和完善管理理论，使管理成为一门科学。

18 世纪 60 年代后，以英国为代表的西方国家，开始了第一次产业革命，使生产力有了很大发展，随之而来的就是管理思想与管理方法和手段的创新，产生了早期管理理论的萌芽并形成古典管理理论，其中最有名的有以下几种。

19 世纪末的泰罗提出了"科学管理理论"。这种理论的核心目的是提高工作的效率，其理论要点是时间研究和动作研究，即通过该项研究规范员工的工作活动和工作定额；员工的挑选和培训，即科学地挑选员工，对其进行专门的培训、教育，并合理安排工作岗位，使能力与工作相适应；实行标准化管理，以提高劳动生产率；坚持专业分工原则，即明确工作和责任，实行分工管理，以提高管理效率；实现劳资双方的思想革命，即管理者应真诚与员工沟通合作，以确保劳资双方都能从生产效率的提高中得到好处。

亨利·法约尔是古典"组织理论"的奠基人，由于长期从事企业的高级管理工作，因此他的研究更注重管理者的活动，着重研究企业管理的一般理论，特别是企业组织理论。他的理论思想核心内容是：确定企业活动的类别，认为任何企业都有六种基本活动，即技术活动、商业活动、财务活动、安全活动、会计活动、管理活动；明确管理的职能，即管理具有计划、组织、指挥、协调和控制五大职能；总结了管理的 14 项一般管理原则，即劳动分工、职权与职责、纪律、统一指挥、统一领导、个人利益服从整体利益、报酬、集中、等级制度、秩序、公平、人员稳定、首创精神、团结。

德国社会学家马克斯·韦伯提出了"行政组织理论"，他的代表作就是《社会组织与社会经济》，其理想的行政组织体系的理论要点是：明确的分工，即组织的成员按职业专业化进行明确分工；职权等级，即每个下级都应接受上级的控制和监督；人员的军用，即所有员工都应通过正式考试和教育训练进行任用；规章制度，即管理人员必须严格遵守组织的规章、纪律及办事程序；管理人员专职化，即人员有固定的薪金和明文规定的升迁制度；非人格性，即规则和控制的实施具有一致性，不受个人情感的影响。

以上这些理论对管理的发展起到了很大作用，但不可否认的是，这些理论也有其局限性，如泰罗的理论忽视人的情感因素，仅把人看作是"经济人"又过分重视技术因素，忽略社会因素的影响，再者泰罗的标准化管理中的标准定得过于苛刻，而且没有解决企业作为整体的经营问题。法约尔的理论的原则缺乏弹性，以至于有时与实际管理工作脱节。

（三）西方现代管理理论

现代管理理论的演变经历了行为科学理论、管理科学理论和现代管理理论三个阶段。其中，行为科学理论中的代表是梅奥的人际关系理论。这种理论克服了泰罗的理论缺陷，改变了人们对管理的思考方法，使管理者更加意识到行为过程的重要性，也更意识到应把人看作是宝贵的资源，确定了员工是有价值的资源，并把重点放在管理实践上。但由于个人行为的复杂性所导致的对行为分析的困难，使这种理论未能很好地与管理实践相结合，在实际运用上并不广泛。

管理科学理论其实与泰罗的理论同属一脉，只不过是在它的基础上有新的发展，其中以数理理论、系统管理理论、运筹管理理论为代表。管理科学理论主要论及如何对制定和运用数学模式和程序的系统进行管理，也就是运用数学符号和公式进行计划决策和解决管理中的问题。这种理论的优势是运用复杂的管理科学技术计划、决策、组织、领导和控制，使数学模型和程序求得的决策成为解决问题的最佳方案，运用最新的信息情报系统，促进管理效率，同时也有利于了解管理职能环境的复杂性。管理科学的局限性是不能很好地解释和预见组织内成员的行为，并且由于数学模型太复杂，其功能可能影响其技能的发挥；模型有时可能不切合实际，而无法真正实现。

美国管理学家哈罗德孔茨将二战后的众多管理理论称为管理理论的丛林，这些理论是现代管理的理论的统称。这些学派相互补充，从不同角度，带着各自学科的特点阐明现代管理的有关问题，但它们的基本目的却是相同的。其中比较有名的学派理论和它们的管理思想有：管理过程学派，注重管理的过程和职能。行为科学学派，是在人际关系理论基础上发展而成的，在强调人的行为外，还要求进一步研究人的行为规律，找出产生不同行为的影响因素，探讨如何控制人的行为以达到预定目标。系统管理学派，着重于用系统理论来研究管理问题以追求组织整体目标的最优化。决策理论学派，其代表人物赫伯特。西蒙认为"管理是以决策为特征的，管理的本质就是决策"。管理科学学派，强调运用数学模型和计算机技术来进行管理决策，以提高经济效益。权变理论学派，认为现实中不存在一种固定的、一成不变的标准管理模式，管理者应根据实际环境的变化，选择合适的管理模式和方法。经验管理学派，也称案例学派，主张从管理者的实际经验出发去寻求管理活动的一般规律和共性的东西，并使其系统化和理论化，以此指导其他管理人员的管理工作。

（四）现代管理理论的新思潮

管理理论在经过 100 多年的发展，已经形成了深厚的理论基础，到 20 世纪末，知识经济的迅速发展和组织管理的实践，使管理新思想不断涌现，各个管理学派互相渗透、融合，管理又有了向全面管理、综合管理发展的势头，这些新思想为管理理论注入了新鲜的力量。

"学习型组织"是指通过培养弥漫于整个组织的学习气氛，充分发挥员工的创造性思维能力而建立起来的一种有机的、高度柔性的、扁平化的、符合人性的、能持续发展的组织。这种理论强调组织只有主动学习，才能适应变化的环境。

"组织文化"理论，提出组织文化本质概念，认为组织文化是一个特定组织在处理外部适应和内部融合问题中所学习到的，由组织自身所发明创造并且发展起来的一些基本假定类型，这些假定类型能够发挥很好的作用，并被认为是有效的，由此被其成员所接受。

"企业再造"理论，提出了有关企业经营管理理论和方法，其新思想主要表现在强调组织流程必须采取激烈的手段，彻底改变工作方法，摆脱以往陈旧的流程框架。

"竞争战略"理论，是引发全世界有关竞争力问题讨论的理论，由迈克尔·波特提出。他认为，企业的管理都是在三种基本战略的基础上制定的，即成本领先战略、差异化战略、专一化战略，这些基本战略的共同目标就是确立企业在竞争中的优势。

"虚拟型组织"理论，明确提出通过建立虚拟组织、动态协作团队和知识联盟来创造财富的观点。其所谓的虚拟组织指的就是不仅把公司成员，而且把供应商、公司顾客及顾客的顾客都看成是一个共同体，倾听他们的意见，充分调动内外各种资源。建立这种组织，要更多地依靠人员的知识和才干，而不是他们的职能。

"创新管理"理论，主要由四个部分内容构成，即 CIS 企业形象设计、信息管理、工艺创新及企业知识管理。它是由劳动者、劳动工具和劳动对象构成的生产力要素逐渐被信息、技术和管理等智力生产要素所取代，在高技术竞争时代产生的。品牌战略、无形资产将成为企业制胜的关键，信息资源的占有量将重新区分发达国家和后进国家，企业也将由此形成不同的竞争力度，因此所有国家和企业都必须根据市场需求调整自己的战略目标。

二、管理思想和理论对我国现代图书馆管理的影响

现代图书馆管理是在管理学和图书馆学的基础进行的，所以在图书馆管理中必然要在立足图书馆学的专业基础上借鉴、吸收管理学理论的最新成果，以丰富现代图书馆管理理论，指导图书馆的管理实践，而在众多中、西方管理理论中能对图书馆管理起到有利影响的理论主要有以下几种。

（一）"创新管理"理论与图书馆管理

创新是未来管理的主旋律，作为人类社会持续发展下去的不竭动力，创新是指以新思维、新发明和新描述为特征的一种概念化过程。根据这一定义管理创新至少包括五个方面的内容：提出一种新的经营思路并加以有效实施；创设一个新组织机构并使之有效地运转；提出一个新的管理方式、方法；设计一种新的管理模式；进行一项制度创新。知识经济时代，面对科学技术日新月异，知识量、信息量剧增和市场剧变，谁能感觉敏捷抓住时机，谁就会在竞争中获得胜利。以往图书馆的管理制度和管理模式的设计，常常以规范人的行为、使人不犯错误为出发点，有着过多的管制和约束，这种过细过严

的规则，通常会抑制了创新精神的发展。而管理上的创新能使图书馆打破常规，改革管理工作流程，极大提高管理效率；能使图书馆以敏锐的观察力，密切关注未来变化的新趋势、新动向、新问题，从而能以超前的意识果敢决策，适应未来发展的要求。此外，创新管理表现在图书馆管理中就是还要树立创新意识，发扬创新精神，在创新中寻找出路，在创新中寻发展，把创新渗透于图书馆的整个管理过程之中。要充分发挥现代信息技术和管理技术的优势，以促进图书馆管理创新为着眼点，更新图书馆管理理念，引进先进的管理理论，实现图书馆的技术创新、人员创新和服务创新，从而通过改革创新，建立起一套崭新的管理运行机制，以适应社会发展的需要。

（二）"组织文化"理论与图书馆管理

管理从他律到自律，起主导作用的是一种文化认同，文化力量的在组织的潜移默化是至关重要的，被推崇为现代管理的最高境界。文化可以从根本上影响着图书馆管理的出发点和方向。广义上的图书馆文化指的是基于图书馆及图书馆事业的文化内涵与文化现象之和；狭义而言则是指在图书馆核心价值体系基础上形成的，具有延续性的、共同的认知系统。这种认知系统表现为馆员的群体意识形态，它能使馆员之间达成共识，形成心理契约。因此，图书馆管理中应注重文化的建设。树立积极向上的图书馆文化，有利于营造图书馆良好的社会形象，争取更多来自外部环境的有力支持；有利于引导馆员形成正确的职业观，将自身行为与图书馆的整体目标协调起来；有利于确定图书馆的办馆宗旨、服务方针、发展方向，并渗透到图书馆活动的方方面面。

（三）"人本管理""能本管理"理论与图书馆管理

"以人为本"的管理思想在历史上早已存在，中国古代的儒家思想体系就是"人本管理"的代表。在西方，从古希腊的雅典民主政治到现代管理理论思想，都有"以人为本"管理思想的体现。但从古到今，人们所重视的都是带有强制色彩的管理制度。这种管理依托于权力和强制，不重视人的真实感受和需要，强调遵守与服从。不过，20世纪中叶以来，人们逐渐认识到管理中人的因素的重要性，正式提出了"以人为本"的管理理念。目前，"人本管理"是世界上最为推崇的管理方法之一，被广泛应用于现代企业，是现代管理学中的重要理论。它强调的是以人的全面发展为准则，实施以人为中心的管理，其核心思想是尊重关爱人、理解信任人、完善发展人。对于图书馆管理来讲，"人本管理"的管理的核心就是把馆员作为最重要的资源，使其作为管理的主体。围绕如何利用和开发馆员服务于组织内外的利益相关者，从而实现图书馆目标和馆员个人目标。实施"人本管理"，就是要通过科学、有效的方法，发扬馆员的优点，规避馆员的弱点，提供能发挥馆员的潜能、智慧和创造力的环境，使馆员在创造社会财富、实现效益的同时，不断发展自我，实现自身的价值。"人本管理"属于柔性管理的范畴，其职能侧重于疏导、教化与激励，其特点是用柔性手段进行调节与控制，用非强制性的一套方法去影响、感应馆员的心理和行为，从而调动和激发他们的积极性、创造性，凝聚实现组织目标的群体意志和力量。有专家认为，在图书馆服务所发挥的作用中，图书馆的建筑物占5%，信息资源占20%，而图书馆员占75%。因此，图书馆事业要想充满生机与活力，建设一支高素质的馆员队伍是必须的。只有通过"人本管理"才能全面开发馆员的潜力，充分发挥其才智。因此，图书馆管理的"人本管理"，首先要尊重馆员，这里的尊重不仅包括尊重馆员的人格和表达意见及个人发展意愿的权利，还要尊重馆员的能力，尊重馆员的价值和劳动；其次图书馆要充分认可每个馆员在图书馆的贡献，客观地评价馆员的业绩；再次要允许馆员选择适合自己的岗位，以便提供发挥其潜能的机会。

所谓"能本管理"，就是指以能力作为本位的管理理念，它是相对于"物本管理"和"人本管理"而言的，它源于人本管理，又高于人本管理，是更高阶段、更高层次和更高意义上的人本管理，是"人本管理"的升华。"能本管理"在图书馆管理的运用就是通过有效的方法，以期最大限度地发挥人的能力，从而实现能力价值的最大化，把能力这种最重要的资源转变为图书馆发展的推动力量，实现图书馆发展的目标和创新。目前，有些图书馆也在管理中尝试量化管理，但图书馆工作的性质决定了其部分岗位是很难用量化的方式来考核工作绩效的，而"能本管理"这种强调充分发挥个人的能力的管理，为图书馆管理提供了一条新的思路。在图书馆管理中引进"能本管理"理论，可以为图书馆建立各尽所能的运行管理机制提供理论支持。而在实际工作中使管理者能善于及时地发现馆员的潜能，做到人尽其才，才尽其用。

把有能力的、有干劲的人放到重要位置上去，从而营造一个有利馆员良性竞争的环境，有效地调动馆员的工作积极性和能动性。

（四）"学习性组织"理论与图书馆管理

"学习型组织"作为20世纪90年代以来发展起来的一种全新的管理理论，是建立在系统动力学的基础上的。它的研究最早可追溯到20世纪60年代。其代表人物就是美国麻省理工学院教授，著名的管理学家彼得·圣吉。在他的代表作《第五项修炼——学习型组织的艺术与实务》一书中圣吉教授认为"学习型组织"是以五项修炼为基础的，这五项修炼指的就是：自我超越、改善心智模式、建立共同愿望、团体学习、系统思考。它的本质就是要努力并善于组织全体成员进行不断地学习。学习型组织理论的问世引起了管理学界和企业家的广泛关注，并在企业实践中取得了良好效果。作为管理理论中的新思想，它融合了当代终身教育思想，把学习作为组织的生命源泉，是当今最前沿的管理理论，建立学习型组织成了21世纪管理发展的新趋势。学习型组织本身是一种宏观的管理理论，其适用的范围非常广泛。它不仅可以用于企业管理，也适应于国家、城市、学校及一切"组织"的管理，并且在多个领域取得了成功的先例。

"学习型组织"理论同样可以适应于图书馆管理，美国的亚利桑那大学图书馆和伊利诺伊州的北部郊区图书馆系统就是依据该理论构建的"学习型图书馆"。这种理论应用在图书馆管理的优势主要通过其五项修炼来实现的，具体包括以下几点。

1. 自我超越

"自我超越"通过强调馆员对自身的认识，来适应外界的变化，不断地给自己树立新的奋斗目标。工作中注意集中精力、培养耐心以达到精益求精，并客观地观察现实，永远努力发展自我，超越自我。

2. 改善心智模式

"改善心智模式"要求馆员要善于改变传统的认识问题的方式和方法，要用新的眼光看外部环境，同时注意内部环境的变化，以改变自己的思维定式，从而适应环境的需要。

3. 建立共同远景

"建立共同远景"，把图书馆建设成为一个生命共同体，包括远景（图书馆将来要实现的蓝图）、价值观（实现蓝图应该遵循的基本原则）、目的和使命（图书馆存在的根由）、目标（短期内达到的目的）。

4. 团体学习

"团体学习"可以使全体馆员学会集体思考，以激发群体的智慧。开展团队学习后，馆员之间可以理解彼此的感觉和想法，因此凭借彼此沟通产生的一致性，可以提高综合效率。

5. 系统思考

"系统思考"，是通过树立系统观念，运用完整的知识体系和实用的工具，认清整个图书馆赖以存在的内外环境，并了解如何有效地掌握变化，以开创新的工作局面。

总之，"学习型组织"理论应用于图书馆管理可以增强图书馆馆员的整体意识，培养馆员之间的协同工作精神，促进图书馆内部的交流与合作，促进知识的共享，树立图书馆的学习风气，提升图书馆全体馆员的知识学习能力。同时，建立终身学习机制是符合图书馆工作实际需要的，可以解决图书馆馆员学习与工作之间的矛盾。此外，"学习型组织"理论应用于图书馆管理中，还有助于实现图书馆的知识管理，对适应科学技术、信息发展对图书馆的影响具有十分重要的意义。

第三节　我国图书馆管理的发展历程

一、古代中国图书馆管理的历程

（一）宫廷、官府图书馆的管理

我国最早的图书馆大约起源于公元前 2000 多年的殷朝，当时的人们就已经开始收藏文献信息资源了。但在我国，古代的图书馆称为藏书楼，图书馆是近代才引进的称呼。公元前 16 世纪至公元前 11 世纪的商代，随着文字构成和语法组织的发展，商代的文献收集和保管已经有了极大的发展。据考古发现，商代已经把一个朝代的文献集中地加以整理，并设以专门的收藏地点，以便于随时抽取、查阅。其文献内容也涉及广泛，有记载社会生活、农业生产，以及朝廷事务、军事征战、王位继承等。商代甲骨文献的收藏可以被视为古代图书馆管理的萌芽。

公元前 11 世纪至公元前 8 世纪的西周已经开始设立专门的官吏从事文字的记录和史实的撰写。思想家老子就曾担任柱下守藏史，可谓早期的图书馆管理员。而且西周的史官（收藏典籍的官吏）已经按专题分工，从事不同的收藏、整理工作。可以说，周代是古代图书馆管理成型的时期。

春秋、战国时期是我国古代思想繁盛的时期，众多伟大的思想家都是诞生在这个时期，加之春秋战国时期简书、帛书的普及和书写工具有了极大的改进。所以这段时期的藏书情况不仅有了长足的发展，各个诸侯国都拥有自己的图书馆，而且图书管理得到了极大的重视。这一时期产生了真正的文献学家，其中最著名的可以说是孔子。孔子不仅是春秋时期的教育家、思想家还是文献学家，他曾整理六经，使商周的文化典籍更加系统化，是我国文化发展史上的一件大事。

秦朝统一中国后重视典籍的收藏，曾先后建立了多处宫廷和政府机构的藏书楼。可惜，秦末的楚汉相争使宫廷藏书遭受了极大的损失。

汉代从建国初期就采取了宽松的文化政策，从而使官府的藏书得到极大发展。汉代确定了封建社会官府藏书的类型，完善了图书馆管理的工作内容，充实和配备了管理官员，如区分了藏书的门类，按类设置了专门的人员，明确了图书馆整理的程序。最终生成了中国历史上第一部综合性的群书目录——《别录》和第一部综合性的群书分类目录——《七略》。所以，汉代可谓古代图书馆管理的确立时期。

三国、两晋、南北朝时期，由于战乱不断，官府藏书的状况时好时坏，不过纸张的普及，写本书的大量出现，还是极大地丰富了图书馆的馆藏资源。

隋唐时期由于经济、文化的快速发展，官府图书馆也同样快速发展。唐朝的宫廷藏书和中央政府藏书已经形成由上至下的体系，各有详细分工。唐朝还注重宗教典籍的收藏、翻译和整理，使写本书的收藏达到高峰，是古代图书馆管理的发展时期。

宋元时期的印刷书本大量出现，藏书更趋于丰富，同时官府藏书的整理，工作更加频繁。宋朝的官府图书馆还允许外借，并设专门的人员负责借还。宋朝重视从事图书馆管理工作的人员素质，要求一律从科举高第或现任官员中挑选，并且必须经过考试。南宋时期对图书馆的管理更加正规，对重要藏书校勘、出借制度和书库管理做了严格规定，并设"定期曝书制度"使书籍得到妥善收藏，是古代图书馆管理的高峰时期。

明朝虽然同样设有官府图书馆，但官藏的管理力量却实际上被削弱了。清朝从康熙帝开始又重新重视了官藏，到乾隆年间建起了完整的官府藏书的体系。

（二）私人图书馆的管理

魏晋、南北朝时期出现了我国最早的私人图书馆，但由于早期纸张载体得之不易，各家藏书的数量不多，品种也不繁富。但早期的私人图书馆采取了开放的管理模式，允许互借互抄，这种做法对我国古代社会的图书馆发展产生了深远的影响。同官府藏书一样，随着经济文化的发展，各朝各代的私人藏书无论从数量、质量还是管理都有长足的进步，到了明清时期，私人图书馆的发展达到高峰。

（三）书院图书馆的管理

书院藏书是从北宋到清末的一种藏书形式，与现在的高校图书馆相近似，其藏书的目的是为师生提供研习之资，服务、服从于其教学与学术研究工作，并形成了独具特色的公共性与开放性管理模式。书院藏书从元代开始进入正规化、制度化，并设置专人管理图书，形成图书馆借阅制度，编制院藏图书目录，方便了读者检索、阅读。《杜洲书院书版书籍目录》《共山书院藏书目录序》《西湖书院书目序》是现存最早的中国书院的藏书目录和书目序。

二、近代中国的图书馆管理

1842 年中英鸦片战争之后，西方传教士携带着西方文化开始向中国腹地渗透，并以上海为中心进行传教和文化学术活动，由此奠定了上海近现代图书馆的基础。其中最有名的是徐家辉天主堂藏书楼、上海图书馆、亚洲文会北中国支会图书馆、圣约翰大学图书馆、格致书院藏书楼、文化公书林等。虽然这些图书馆的管理工作引进了西方国家的管理方式，但由于这些图书馆几乎都是为外国人服务的图书馆（只有格致书院勉强称得上是"为谋华人读者便利"创建的图书馆），对我国近现代图书馆事业和学术的发展并没有产生实质的影响。

清末由于倡导变法使"新学之风"引入中国，各地大举兴办学会学堂，新式的民间公共图书馆开始在一批有识之士的倡导下成立起来。比较有名的有苏学会、两粤广仁善堂圣学会、通艺学堂等，这些学堂内设置的图书馆有自己的章程、借阅制度并已有了近现代图书馆目录体系的管理特征。清政府也倡导建立公共图书馆，从而形成了创办新式图书馆的热潮。公共图书馆的创办、图书馆管理体制的建立、图书馆管理制度的建立、公共图书馆观念的传播、西方图书馆学术的翻译介绍奠定了我国近现代图书馆管理发展的历史。

辛亥革命彻底结束了我国的封建统治，出版业开始蓬勃发展，各种类型的文献数量大幅度增加，各地图书馆的兴办也风起云涌。中国图书馆事业的最大成就是一批图书馆学者如沈祖荣、笃定友、刘国钧、李小缘等学成归国，他们带来了先进的图书馆管理思想，在这些优秀人士的倡导下，我国的图书馆的管理工作逐渐步入正轨，图书馆管理制度也随之发生了很大的变化。

首先，图书馆法令的公布和实施。民国教育部 1915 年公布了《图书馆规程》《通俗图书馆规程》等具体规定。1944 年还公布了《图书馆工作实施办法》对图书馆的业务工作内容和范围进行了规定。

其次，图书馆业务管理方面，开始打破传统的经、史、子、集四部分类，采用西方《杜威十进分类法》或《美国国会图书馆分类法》对图书进行分类。

最后，开架阅览开始逐步推广，方便了读者，节省了借阅时间。馆际互借也有了相关规定，甚至出现了类似流动图书馆的巡回库的管理方式。

三、20 世纪下半叶图书馆管理的发展

自从第二次世界大战结束后，除少数国家和地区外，和平成为世界范围内的主旋律。各国都开始重视本国的经济、文化、科学技术的发展，其中管理学思想发展和科学技术的飞跃对图书馆的影响最大。其不仅使世界范围内的图书馆快速发展，而且自身越来越趋于统一化。东、西方几千年来存在的图书馆管理差异已经消失殆尽，全球化的图书馆时代已经到来。

（一）现代管理学成熟的理论思想被引进图书馆管理中

随着图书馆数量和规模在世界范围的壮大，对图书馆的管理方式和管理理念的认识开始引起人们的注意。管理学在工业、商业和其他服务业领域的成功运用，使科学的管理观念和方法被运用到图书馆管理中。当然，管理学理论的应用主要集中在几个方面：图书馆的组织系统结构上，即图书馆的组织机构的设立、存在等方面；人际关系方面，即图书馆的员工管理、员工需求等方面及图书馆运行中的矛盾解决机制问题。

（二）科学技术发展带来的新技术被广泛运用到图书馆管理中

科学技术发展对图书馆管理的冲击是巨大的，首先，信息存储介质的改变。纸版文献几千年来一直是图书馆文献信息资源的主要形式，但这种文献形式的存储需要空间大，保藏难度高，利用起来也不方便。而现代存储介质的改变，使图书馆的文献信息资源的存储量成倍增加；其次，检索手段的改变。图书馆的书目检索方式早期一般采取的是书本式目录，后来发展成为卡片式

目录，这两种方式流传了几百年。而计算机目录检索既方便，又快捷，仅需几秒就能查出读者所需信息；再次，网络服务的出现实现了图书馆的远程管理。早期图书馆受地域性影响，人们只有亲自登门才能享受到图书馆的服务，后期通过书信交流也可获取一定的信息，但计算机网络的出现却使图书馆的远程服务变为现实。

（三）图书馆管理的服务性功能得到重视，人本管理的方式使读者享受到更优质的信息服务

"以人为本，读者至上"似乎已经成图书馆的一种服务口号。服务功能的最大限度发挥成为图书馆界的共识。美国甚至通过《图书馆服务法》这样的法律以保证图书馆服务的范围。为了保证读者能更好地利用图书馆，参考咨询工作早已经成为各个图书馆的必备服务项目，针对读者的各种培训讲座或课程，也是为了保证读者享受信息的质量。图书馆的发展也越来越受到读者的影响。读者需求成为图书馆管理过程首要考虑的问题。

（四）图书馆合作加强

各种国际的、国内的、地区范围内的图书馆协会不断涌现，馆际合作不断加强。从早期的馆际联合目录编制、馆际互借，到如今的联合采购、图书馆网络，不仅图书馆的界限得到突破，而且极大降低了图书馆管理的成本，更方便了广大读者，世界范围内的信息共享绝不再是只是一个构想。

（五）信息的深加工成为图书馆管理的一项新内容

早期图书馆只承担着文献信息资源的简单搜集和整理工作，即便有对文献的加工也是粗浅的，是为了满足自身管理的需要和方便读者。现代化图书馆管理为读者和用户提供的信息深加工服务已经成为图书馆管理新的工作内容。文献信息的个人定制功能、信息追踪功能等不断满足读者和用户对信息的深层次需求，而高质量的信息分析服务必将成为图书馆管理的一项重要内容。

第四节 我国现代图书馆管理建设

一、现代图书馆管理的内涵

对于图书馆管理概念的研究，中西方学者采取了不同的态度。西方学者在自己的论著中对图书馆管理的概念均无明确的定义。而我国学者采取的做法则截然不同。因为在传统的各学科基础理论的研究中，对于概念的研究是一项重要内容。

众所周知，概念是组成判断的基本要素，而推理和论证又是由判断组成的。所以，概念是思维形式最基本的单位。概念所反映出的事物本质属性（或特有属性）的思维形式，是人们在实践的基础上，经过感性认识上升到理性认识而形成的。概念是用词或短语表达的，是词和短语的思想内容，而词和短语是概念的语言形式。一般情况下，概念有内涵和外延之分。概念的内涵是指概念所反映的事物的特殊性或者事物的本质特征，它反映概念质的方面，说明概念所反映的对象是什么样的。概念的外延反映出包含在概念中的不同种类的事物，它反映概念量的方面，即概念的适用范围，它说明概念反映的是哪些对象。因此，鉴于概念在基础理论研究的重要性，我国的一些学者对于图书馆管理都给出了自己的定义。

黄宗忠认为：图书馆管理就是通过计划、组织、指挥、协调和控制等活动，最合理地使用图书馆系统的人力、财力、物质资源、使之发挥最大作用，以达到图书馆预期目标，完成图书馆任务的过程。

吴慰慈认为：图书馆管理是对图书馆的文献信息、人力、财力、物质资源，通过计划和决策、组织、领导、控制、协调等一系列过程，来有效地达成图书馆的目标的活动。

郭星寿认为：所谓图书馆管理，就是遵循图书馆工作的规律，依据管理工作的内容与程序，在图书馆系统最优化的条件下，充分利用其资源，以有效地实现其社会职能的一系列有组织的活动。

于鸣镝认为：应用现代科学的理论与方法，遵照图书馆工作和图书馆事业的固有规律，合理地组织和最大限度地发挥图书馆的人力、物力、财力等各种资源的作用，以便达到预定目标的决策过程。这就是图书馆的科学管理。

鲍林涛主编的《图书馆管理学》指出，图书馆科学管理就是通过计划、组织、指挥、协调和控制等行动，按照图书馆事业和图书馆工作的发展规律，合理地使用图书馆的人力、财力、物质资源，使之发挥最大的作用，以达到图书馆预期的目标，圆满地完成图书馆任务。

潘寅生主编的《图书馆管理工作》指出：图书馆管理是遵照图书馆工作的客观规律，通过计划、组织、协调、指挥等手段，合理配置和使用图书馆资源，以达到预期目标，满足读者知识信息需求的一种活动。

倪波、荀昌荣认为：图书馆管理是指应用现代管理学的原理和方法，合理组织图书馆活动，有效地利用图书馆人力资源和物质资源，发挥其最佳效率，达到其预定目标的过程，并在此过程中不断地审查改进，最终圆满完成任务。

原国家教委高教司《图书馆管理学教学大纲》提出：图书馆管理是指以图书馆发展的客观规律为依据，遵循管理工作的内容与程序，建立优化的管理系统、合理配置和利用图书馆资源，实现其社会职能的控制过程。

综合以上关于图书馆管理的论述，我们可以看出，当前图书馆的管理概念因各学者或组织的出发点及角度的不同产生了不同看法。但依据管理的基本原理来看，其内涵都具有一定共同之处，只不过是由于将管理的基本原则同方法、技术、手段混为一谈，而产生了一些偏颇，因此，有必要对这些主要的图书馆管理概念相互关系加以分析，对其概念中所具有的内涵加以理解把握。具体可以从以下几个方面入手。

首先，图书馆管理是管理学的基本原理在图书馆领域的具体表现，如图书馆管理中重视人力的作用，是管理学基本原理中人本原理的运用。充分使人力、财力、物质等资源在管理活动的影响下发挥其最大作用，是系统原理和效益原理的充分体现。对图书馆管理活动进行计划、组织、指挥、协调和控制是动态原理的适用。

其次，图书馆管理中要注意把管理学中的各项人本原理、系统原理、动态原理和效益原理等相关理论有机地结合起来，以尽量避免因为认识上的偏差而使它们在实际运用中人为地割裂开。

最后，在实际图书馆管理工作中，要使管理的基本原则同管理的方法、技术、手段等有机地联系起来，在基本原理的指导之下，针对图书馆管理工作中出现的新情况、新问题而采取相应的方法、技术和手段。

所以，图书馆管理不过就是图书馆在正常运转过程中为了实现图书馆的工作目标，完成图书馆的工作任务，而对其系统内的各种资源进行利用的活动。

二、现代图书馆管理的特点

图书馆管理是一种存在于社会中的特殊的实践活动，是人类在进行文献信息资源的搜集、整理、储藏、利用过程中形成的管理活动。因此，图书馆管理除了具有一般社会实践活动的如客观性、能动性和社会历史性等共性特征外，还具有自己特有的特点。

（一）综合性

管理是以研究企事业单位中人的活动规律，用科学的方法改进管理工作，充分调动人的积极性的一种行为。它主要是以人为中心的各种管理行为为对象，发现活动规律，并通过合理的组织和配置人、财、物等因素，提高工作效率，调动人的积极性最终达到提高生产力的水平的目的。图书馆服务工作的主体是读者，以读者为中心，维护图书馆服务工作的正常运行和发展进步，图书馆的管理者无非是要解决好人与环境、人与人之间各种关系问题。所以说，图书馆管理实质上是围绕管理和服务进行的，是多种综合的结果。

（二）理论性

图书馆管理是一项特殊的管理活动。在管理的实际运行中，可以借鉴多种基础理论的研究成果，如管理学、图书馆学、情报学、经济学、心理学等一系列学科。这些学科的某些优秀成果与图书馆管理相结合，并具体运用到管理的实际运行中去，使图书馆的管理以深厚的理论为基础，以便能更好地推动图书馆事业的发展，提高图书馆在人类社会进步中的地位和作用。

（三）科学性

图书馆管理是一项具有科学性的活动，从图书馆产生之初，人类就知道采用一些方法以便更方便地查找文献信息。因此，在图书馆管理的过程中，人们发现了很多的方法管理和利用文献信息资源，这些方法逐渐形成了图书馆管理工作的规定，有些甚至上升成标准和法律。

（四）组织性

随着图书馆事业的发展，图书馆已经逐渐形成了规模化，图书馆管理活动也复杂起来。管理活动中涉及的各种资源也越来越多，人力、物力、财力、文献信息等因素交织起来影响着图书馆的管理活动运行。对这些资源的管理的好坏直接影响着图书馆的正常运行，所以在图书馆管理中要有计划、有目的地去进行管理，图书馆管理是一项系统的、有组织的管理活动。

（五）动态性

管理活动的本身就是要在不断变化的环境中进行。为了应对不同的读者需求图书馆管理要变化，为了文献信息的形式改变管理要变化，为了随时改变的社会环境管理活动也要变化。所以，图书馆管理是一项要随着服务对象、工作环境和社会环境等因素变动而进行改变的活动。只有跟上时代的变化，随时适应影响图书馆发展的各项因素，才能使图书馆符合社会发展的需求，不被时代所遗弃。

（六）协调性

图书馆管理涉及图书馆各项业务活动和行政管理活动等方方面面具体的活动。这些具体活动直接影响着图书馆管理能否正确、正常和有序地进行。图书馆管理就是要使这些具有关联性的各种业务活动和行政管理活动中的人际关系、利益关系处于一种和谐、平衡的状态，消除管理活动中的各项不利因素，从而减少内耗、降低摩擦，发挥组织的协同作用，使图书馆有限的人力资源、信息资源发挥出最大的效用。

三、现代图书馆管理环境

（一）图书馆管理的外部环境

1. 一般环境

一般环境是图书馆管理的外部环境之一，又称为宏观环境，是指对图书馆管理活动产生影响，但其影响的相关性不强或间接相关的一些因素。这些因素对图书馆的影响虽然不是直接的，但有可能对图书馆产生某种重大的影响。具体包括以下几点。

（1）政治环境

政治环境的稳定是图书馆发展的基础因素，国家对图书馆的重视程度直接决定着国家对图书馆的宏观调控政策、财政对图书馆的支持和图书馆管理的对外交流情况。

（2）经济环境

经济环境指的是包括社会经济结构、经济发展水平、经济体制和宏观经济政策等几个方面，它们构成图书馆生存和发展的社会经济状况及国家经济政策。

（3）法律环境

法律环境指的是与图书馆相关的社会法制系统及其运行状态。当前，越来越多的国家将图书馆和图书馆管理纳入法制化管理渠道，为图书馆的发展提供了稳定发展的基础和保证，我国目前的图书馆和图书馆管理还没有上升到法律层面，有必要向此方向发展。

（4）科技环境

科技环境是指图书馆所处的社会环境中的科技要素及与该要素直接相关的各种社会现象的集合，包括社会科技水平、社会科技力量、国家科技体制、国家科技政策等。科技环境对图书馆的影响巨大，现代图书馆的快速发展与科技发展密切相关，所以关注科技环境有利图书馆的发展。

（5）社会文化环境

社会文化环境包括一个国家或地区的人口、家族文化教育、传统风俗及人的道德和价值观念等。这些因素影响着图书馆的数量、文献信息资源的收集方向及图书馆的服务对象等方面。

　　2. 特殊环境

　　特殊环境，又称微观环境或任务环境。它是指对图书馆的组织目标实现产生直接影响的外部环境因素。与一般环境因素相比，这些因素对图书馆的影响更频繁、更直接。包括以下几点。

　　（1）读者或用户

　　读者或用户是指利用图书馆文献信息资源的人群，是图书馆服务的对象，是图书馆存在的必要条件，对图书馆的影响起着决定性作用。

　　（2）文献信息资源的供应者

　　文献信息资源的供应者包括出版社、图书馆经销商、数据库的开发者和经营者、信息设备的开发和生产，当然也包括各种信息、技术和服务等。这些供应者提供的产品或服务的数量、质量和价格直接影响着图书馆的文献信息资源的保藏程度、水平和服务的质量。

　　（3）图书馆的竞争者和合作者

　　网络信息服务使图书馆的发展面临着巨大的困难，它的方便、灵活、丰富性影响着传统图书馆的管理，为此，图书馆的管理要向网络信息服务的管理模式借鉴，以及调整自身的战略目标。同时，与网络信息服务合作，发展自身特色的网络信息服务平台，促进自身发展。

　　（4）业务主管部门

　　多数类型的图书馆，都是受一定部门的领导。与这些部门的良好沟通，是保证图书馆朝着既定目标前进的基础之一。

　　以上这些环境因素构成了图书馆管理的外部环境。外部环境的不确定性和复杂性使图书馆在存在和发展过程中要不断密切这些因素的变化、建立一定的缓冲机制和弹性机制以适应这些因素的影响，并加强自身对外部环境的控制，努力调适图书馆管理使外部环境对图书馆的负面影响降至最低。

（二）图书馆管理的内部环境

　　图书馆管理的内部环境一般包括图书馆文化（图书馆内部气氛）和图书馆的基础条件两部分。

1. 图书馆文化（图书馆内部气氛）

图书馆文化是处于一定经济、社会、文化背景下的图书馆，在长期的发展过程中逐步生成和发展起来的日趋稳定独特的价值观，以及以此为核心而形成的行为规范、道德规则、群体意识、风俗习惯等。一般可分为以下三个结构层次。

表层文化即物质文化层，包括馆舍馆貌、工作条件、工作设施配备情况等是图书馆内层文化的物质体现和外在表现。

中层文化即制度文化层，是指对馆员和图书馆自身行为产生规范性、约束性影响的部分，主要包括工作制度、责任制度和其他特殊制度等，是图书馆物质文化和精神文化的中介。

内层文化即精神文化层，包括用以指导图书馆开展读者服务活动的各种行为规范、价值标准、职业道德、精神风貌及馆员意识等。

以上这三个结构层次的文化互相联系、互相依赖、互相影响和互相转化，构成图书馆文化的统一体。对图书馆的管理起到了导向功能、凝聚功能、激励功能、规范功能及渗透功能。

2. 图书馆的基础条件

图书馆的基础条件是指图书馆所拥有的各种资源的数量和质量情况，包括人员素质、文献信息资源的储备情况、科研能力等。

这些因素与其他因素一样，影响图书馆的目标的制定与实现，而且还直接影响图书馆管理者的管理行为。

四、图书馆管理的职能

图书馆作为一种提供信息服务的社会机构，对人类社会文明的贡献是巨大的。17世纪德国的G.W.莱布尼茨就将它归结为人类的"百科全书"，甚至称誉它是"人类灵魂的宝库"。从古代的哲人到现代的科学家、文学家、思想学等，凡是在历史上为各个学科领域的发展提供了某种新思想、做出某种创造性贡献的人，其成功无一不是与充分利用图书馆文献信息资源息息相关的。图书馆无论在历史上、现今社会还是未来社会中，都是对人类文明的进步和发展起着不可替代作用的组织。图书馆之所以能获得如此高的评价，图书馆管理工作在其中起了决定性的作用。

图书馆管理的职能指的是管理在图书馆的业务、政务管理和职工生活管理过程中所发挥作用，是管理职能在图书馆的具体执行和体现。

（一）决策职能

决策是行动的先导，是最重要的管理职能。一般说来，这项职能是图书馆领导机关的主要功能。当然，为了在图书馆管理的过程中最大限度和最有效地发挥决策职能，还应该实现管理决策的科学化、民主化，还必须建立健全民主决策制度，注重信息的公开化。因为决策不仅仅是方案的一次性选择，实际上行政决策贯穿于图书馆管理过程的始终，管理的其他各项职能都离不开决策活动，整个管理实际上是一系列决策的总汇。可以说，管理就是决策。

（二）计划职能

计划职能是指图书馆各个部门为了实现既定的行政决策目标，对整体目标进行科学分解和测算，并筹划必要的人力、物力，拟定具体实施的步骤、方法及相应的政策、策略等一系列管理活动。具体包括计划的制订、计划的执行和计划的检查监督等环节。其目的是使图书馆的各项工作能够有计划、有步骤、有方法地进行，以杜绝领导工作的随意性，避免对图书馆管理的消极影响。

（三）组织职能

图书馆管理组织职能的目标就是具体落实和实现决策和计划，是实现管理目标和管理效能的关键性职能。组织职能具体包括对图书馆各种工作机构的设置、调整和有效运转；各机构职权的合理划分；对全馆工作人员的选拔、调配、培训和考核；对资金、固定资产和其他物品的安排和有效利用；对执行活动中的各项具体工作进行的督促、检查和指导等。

（四）协调职能

图书馆管理中的协调职能，是指对图书馆行政部门、业务部门及全体工作人员之间的各种工作关系进行调整和改善，使它们按照分工协作的原则，互相支持、密切配合，步调一致，共同完成本馆内预定的任务和工作。现代图书馆管理，是专业化协作的管理，没有协调要达到共同目标是不可能的。因此，协调是管理运行过程中的一项职能，具体内容包括：协调行政管理机构之间，业务管理机构之间，行政管理和业务管理机构之间，工作人员之间、工作人员与行政管理部门、业务管理部门之间，与本单位之外的政府、企事业和其他组织之间的关系。

（五）控制职能

控制职能是指管理按照行政计划标准，衡量计划完成情况并纠正计划执行中的偏差，以确保计划目标的实现。图书馆管理的控制职能贯穿于行政管理的各个方面和全过程。做好控制职能一般要注意以下几个方面：第一，确立控制标准，使各项工作有可衡量的指标，以采取正确的纠正措施。第二，对管理行为的偏差进行检查和预测，对图书馆管理工作的实际结果与质量标准监测，获取管理工作的偏差信息，为下一步采取控制措施提供依据。第三，采取相关措施对图书馆管理工作的行为和过程进行调节。即判断管理行为偏差的性质和层次，确定偏差的程度和范围，找出产生的全部原因，制定相应具体的纠正措施。第四，实行有效的监督。即根据行政目标、计划和控制标准，监察、督导行政过程的正常发展和行政系统的有序运转。

总之，图书馆管理的职能是图书馆各个机构设置和改革的重要依据，也是管理运行的必需环节，科学地认识、确定管理各方面、各阶段的职能和保持它们之间的有机的联系，并适应环境和形势的变化及时地转变职能，对有效地进行图书馆管理，具有十分重要的意义。

第四章　图书馆行政管理体系研究

第一节　图书馆行政管理概述

一、图书馆行政管理的定义

我们知道"管理"一词的历史与行政相比，显得更加久远，范围也更加广泛。可以说，人类社会的管理现象与人类社会是同时产生的，只要存在着两个以上的个人或两个以上群体的共同活动，就有了管理活动。而"行政"一词在中国最早可以追溯到 2000 多年前的《左传》中的"行其政事""行其政令"。《史记·周本纪》首次把"行政"连用，其意思就是指对国家政务的管理。"行政"一词在西方社会也可以追溯到古希腊时代，亚里士多德就使用过"行政"一词。现代英语 Administration，即行政，按国际通用的《社会科学大辞典》的解释：行政指的就是国家事务的管理。这种起源于原始氏族和部落公共事务的管理，随着阶级和国家的产生而产生，并随着阶级和国家的变化发展而变化发展。因此，作为管理的一种形式，结合行政的具体含义，人们将行政又称为行政管理。在当前社会，行政管理的概念已经大为扩展，其含义也有了本质的不同。

目前，对于行政管理概念的理解存在着一些分歧，主要有以下三种观点：一是狭义的行政管理。从国家"三权分立"的角度理解行政管理，认为行政管理是国家行政组织即政府系统依法对国家事务和社会公共事务进行管理，是国家行政权力的运用。二是广义的行政管理。这种观点从整个国家管理的角度理解行政管理，认为行政管理的范围应该包括整个国家的管理活动，即凡属国家机关的活动都是行政管理活动。三是最广义的行政管理观点。认为行政管理不仅包括一切国家机关的管理活动，而且包括企业、事业单位和群众团体管理活动。

在第三种观点中，行政管理行为已经不限于国家权力的行使，而将企业、事业单位和群众团体的管理活动纳入行政管理研究的范畴，这主要是由于国家和所有的单位、团体、组织都是出于某种确定的目的而形成的，这就需要对这个单位、团体、组织的行为进行必要的指挥和协调，具体包括行政目标的确定，决策、计划的制订和执行，人员的安排，经费的管理等一系列行为，组织内的所有行为都是为实现统一的目的围绕这些行为而做出的。所以，国家行政管理与其他单位、团体、组织的行政事务管理相近似，这就使得第三种观点越来越得到大家的接受，除学术或专指国家行政权的行政管理概念，日常生活中人们提到的行政管理，指的都是最广义上的行政管理观点。

图书馆的管理工作按不同的工作内容可以分为业务管理和行政管理。其行政管理工作指的就是图书馆的管理者，按照本单位的工作特点和工作性质，通过计划、组织、决策、指挥、控制、协调等一系列行为，使图书馆的人力、财力、物力、时间等资源合理地得到利用，以帮助完成图书馆工作最终要求达到的目的。图书馆行政管理作为图书馆管理工作的重要组成部分，承担着图书馆建设中的辅助作用，为图书馆业务发展和读者管理提供有效的保证。

二、图书馆行政管理的特点

图书馆行政管理作为图书馆管理的重要的组成部分，在图书馆的建设和发展中具有重要作用，影响着图书馆管理的成败，这主要是由于行政管理的特点所决定的。图书馆行政管理具有以下特点：

（一）约束性

图书馆作为一个组织整体必须要具有统一的目标、统一的工作标准，这就需要依靠具有约束力的行政手段来实现。在行政管理的实践中并不是全面采取这种具有约束力的行政手段，如在图书馆工作中的决策、计划的制订需要以民主为基础，但在决策、计划的执行上则需要具有约束性的行政手段介入，从而强制保证决策、计划的实施。

（二）引导性

所谓行政管理的引导性指的就是行政管理工作对图书馆的正常运行起着引导作用。行政管理部门负责本单位规章制度的制订、执行和监督，这就对工作人员的行为产生了一种导向作用，引导工作人员按照一定的标准和要求进行工作，使图书馆管理工作达到事半功倍的效果。

（三）凝聚性

凝聚性是决定着图书馆内部发展的活力。在当今社会，图书馆作为公共事业单位在发展中面临着众多困难，这中间包括资金因素、人员因素及社会因素等。当这些因素对图书馆的发展产生影响的时候，作为图书馆调解中枢的行政管理部门就要发挥其凝聚性，解决这些不稳定因素给图书馆带来的负面影响。

三、图书馆行政管理的基本原则

图书馆行政管理的原则是行政管理本质的反映，其实际内容和具体的表现形式，是决定行政管理工作如何进行、怎样进行的基本准则。

（一）服务性原则

图书馆行政管理的服务性原则指的就是行政管理工作是为本单位的各项基础业务管理提供服务的，既包括工作人员需要，也包括广大读者的需求。服务性原则，不仅贯穿于行政管理过程的始终，而且贯穿于行政管理的各个领域和各个环节。

1.为图书馆业务提供服务

图书馆是一个以为读者服务为基础业务的组织，这项基础工作受诸如财力、物力的支撑，工作人员的选择、培训等多种因素的影响，而行政管理工作正是可以左右这些因素的关键环节。行政管理必须秉持对业务管理服务的原则，根据业务管理的需要，有效、及时地满足所业务管理过程需要，促进图书馆事业的发展。

2. 为工作人员提供服务

图书馆工作人员是图书馆事业发展最活跃、最积极的因素，充分调动这部分人的积极性、主动性、创造性，使他们将爱岗敬业的精神真正地投入工作中去，才是实现图书馆事业创新发展的保证。行政管理工作的一项重要内容就是要妥善做好人力资源的管理工作。人事管理中不仅要注重提高全体馆员的职业和道德素质，还要努力促进馆员的工作积极性，使他们在工作中没有后顾之忧，解决好工作人员的各种合理需求，保护馆员的身心健康。这就要求行政管理者要将服务原则运用到人事管理中，要具体结合本单位的实际情况，切实了解馆员的需求，耐心细致地开展人事管理工作。

3. 为广大读者提供服务

读者是图书馆的服务对象，图书馆的所有服务和业务都是以读者为核心，围绕读者展开的。行政管理也是一样，虽然行政管理人员并不直接与读者接触，但行政管理所承担的涉及的财务、后勤等工作与图书馆的对外服务密切相关。行政管理在读者和业务管理中承担着调解中枢作用，是读者所享有的各类信息服务、知识服务的保证。

（二）效率原则

所谓效率原则在图书馆行政管理中的运用指的就是用最少的行政投入（包括人、财、物等），获得最大的行政产出（包括社会效益、经济效益等）。具体应该从以下几个方面着手：

1. 建立高效率的行政组织机构

行政管理工作需要建立高效率的行政机构，设立这种机构应该做到：一是合理设置行政机构。机构的种类、数量的多少、层次的划分、规模的大小都要从实际出发，部门之间要分工合理。二是科学地确定行政管理机构内部的人员结构。任何行政管理机构都是由若干职位构成的，根据实际需要确定行政机构内部的各种职位，按照职位配备具有相应才干的人员。三是实行定编定员。行政人员的数量应科学地设置，注重精简机构，避免人员过多，无所事事，人员过少，穷于应付，妨碍行政效率的提高。四是要不断提高行政工作人员的职业素质和道德修养。行政管理是一门科学，从事的工作对行政人员的文化素质和职业道德有较高要求，同时从事这项工作还要对图书馆的基础业务有所了解，才能适应图书馆的发展要求。

2. 建立和健全行之有效的行政工作程序

图书馆行政管理工作涉及的范围非常广，处理的问题又非常复杂，很多问题还具有专业性。因此，为了有效地执行日益复杂的行政事务，行政管理工作程序必须科学化、制度化。使行政管理工作在具体操作时做到有章可循，还方便行政管理工作的考核。

3. 健全岗位工作责任制

岗位工作责任制是提高工作效率的有力保证。图书馆应根据行政工作的性质和特点，明确划分行政责任，职责要分明、分工要详细，应有数量、质量、时间等具体指标的要求，明确政绩考察的内容，建立各项考核和奖罚制度。一旦出现问题，立即追究，形成人人有动力，有压力，充分发挥人们工作的主动性和创造性，提高行政效率，避免不必要的人、财、时间的浪费。

（三）整体原则

图书馆行政管理工作是一个多方面、多层次、多环节相互依赖、相互作用的有机整体。一方面，行政管理工作对图书馆基础业务具有辅助作用。为图书馆业务管理提供财力、物力的支持。另一方面，行政管理工作又决定着图书馆的发展方向，所以要求行政管理部门要积极与业务管理部门互相沟通，使行政信息协调、统一地在各部门之间运行，使业务部门与行政管理部门形成一个相互促进的整体，实现图书馆管理的目标。

第二节 图书馆行政管理的组织结构

一、图书馆行政管理组织结构设置的必要性

我们知道组织作为一种社会现象，是一切社会管理活动赖以开展的基础。同样地，图书馆的行政管理组织也是图书馆开展本单位管理活动的基础。依靠行政管理组织图书馆工作人员可以在本单位这个框架内进行交往互动，满足各种工作需求，实现图书馆业务的正常进行。图书馆行政管理组织是一种有着相对明确的边界、规范的秩序、权威层级、沟通系统及成员协调的集合体，这一集合体具有一定结构性，其从事的活动往往与多种目标相关，其活动对图书馆工作人员、图书馆本身及外部社会环境都产生一定的影响。

具体地讲，图书馆的行政组织结构是指在图书馆中建立起来的各种部门或机构之间及部门机构为依托的图书馆成员之间的权利和责任关系的结合方式，是表现图书馆各部分排列顺序、空间位置、聚集状态、联系方式及各要素之间相开关系的一种模式。即按照本单价的工作性质把工作进行精确分工，然后在分工基础上进行协作以完成工作目标的各种途径，包括设定工作岗位，将岗位组合成部门，确定达到什么样的要求，如何使不同层次的部门能按时完成本单位的工作任务，最终实现本单位的目标，达到预期的结果。图书馆行政组织的结构建立是一件非常复杂而细致的管理工作。因为，没有一种合适的行政管理组织，没有严密的分工与协作，是不可想象的。图书馆行政组织的工作目的就是要通过建立一个适于本单位工作人员相互合作、发挥各自才能的良好环境，从而消除由于工作或职责方面的原因引起的各种冲突，使工作人员能够在自己的岗位上为本单位的目标实现做出应有的贡献。

二、图书馆行政管理组织结构设置的原则

在现代化图书馆的行政管理中合理的行政组织结构是各项基础业务的客观要求，这就要求图书馆行政管理组织结构设置时应遵循以下一些原则：

（一）权责对等原则

图书馆行政管理职责是本组织成员在一定职位上应该担负的责任。而其职权则是为了担负责任所应该具有的权力，组织中的每一个职位之间的任职者都具有相应的权力并承担相应的责任。由于权力、责任和职位之间的相关性，因而人们往往把职位上的责任和权力简称为职权、职责。为了能够使行政管理人员完成其职责，又不至于滥用权力，要求在组织结构设置时要注意权责对等。

（二）统一指挥原则

图书馆内部的部门和职位之间的地位并不平等，而是具有层次结构的，这就产生了上级如何指挥下级的问题。因此，在图书馆的行政管理中要求贯彻统一指挥的原则，以避免多头领导和多头指挥。

（三）高效精干原则

图书馆的行政管理组织设置要把高效精干原则放在首要位置上，力求减少管理层次，精简管理机构和人员、充分发挥组织成员的积极性，提高管理效率，在保证行政管理职能的基础上，要更好地实现本单位的工作目标。

（四）分工协作原则

图书馆组织设计要确保组织内既有合理的分工，又要在分工的基础上保持必要的协作。由于组织机构之间的分工不能过细，以避免机构增多、浪费人力资源及部门之间责任不清和职能交叉等情况。所以应根据组织的具体情况从各项管理职能的业务性质出发，在行政管理的组织内部进行合理的分工，划清职责范围，提高管理专业化程度，以达到提高工作效率的目的，并且加强协作、相互配合。

三、图书馆行政管理组织结构模式

职能型组织结构是图书馆行政管理组织在自身的发展过程中形成的结构模式。这种结构是在馆长统一领导下，按照各项工作职能分工设置图书馆的若干部门，每个职能部门直接对其上级领导负责，并在其职能范围内对本部门的员工有指挥、协调、监督等控制权力。

职能型组织结构的优点是，各级管理者分工明确，可以充分利用本部门的资源，有效地处理比较复杂的问题。对提高馆员的积极性、主动性和创造性具有良好的效果。同时，职能型结构还可以减轻上级领导的工作负担，使其能更好地处理重大问题。但是这种组织结构的缺点是，容易造成多重领导，出现政出多门的现象，各部门容易从各自的利益出发，造成互相推诿的情况，进而影响统一指挥、增加了协调的困难。这种情况下，就需要较高层次的领导在进行管理的过程中关注大局，从图书馆的整体发展出发，避免各自为政的出现。

四、图书馆行政管理组织的工作内容

由于行政管理工作在图书馆管理工作中的中枢作用，决定了图书馆行政管理工作的多样性。这些具体的工作按照职能进行划分可以分成以下几项工作内容：

（一）人力资源的管理

人是图书馆构成要素中的活跃因素，管理好人力资源才能做好各项基本工作，发挥图书馆的信息资源优势。因此，人力资源管理是图书馆行政管理工作的核心，是行政管理工作的重中之重。

（二）财务管理

对于以政府财政拨付为主要来源的资金和资产进行管理，保证图书馆运行的物质基础。

（三）对外事务管理

作为文化事业单位，图书馆在正常业务活动中要不断地与外界进行交流，这里既包括举行各种文化活动、学术交流，还包括接待上级单位检查、兄弟馆的参观等一系列外事活动，而这部分工作者需要由行政部门策划、接待和处理。

（四）规章制度的建立和完善

图书馆工作是一项兼具学术性、业务性、服务性的复杂劳动。为了能更好地完成图书馆的职能和工作，实行科学化管理是不可避免的。而实行科学化管理的关键就是建立健全图书馆的各项规章制度，这些制度应该包括：馆内各个部门的工作职责；每个工作岗位的工作细则；各级管理者的权利与义务；各种会议制度；各种工作规范；考核、考勤制度；休假制度；奖惩制度；等。这些制度是行之有效的管理工具，既有制约作用还有激励作用，对规范馆员的各种工作行为具有重要意义。

（五）内部事务的沟通、协调

图书馆行政管理工作中一项重要内容就是承上启下，做好信息沟通工作。这里的承上启下指的是接受领导的指示、决策和命令后向下级各个部门进行传达，并将下级部门对指示、决策和命令的反应和执行情况向上级领导进行反馈。

（六）读者接待服务工作

一般说来，接待读者为其提供服务并不是行政管理部门的主要工作，但作为图书馆的一分子，行政管理部门在工作中也要注意配合业务部门尽可能为读者提供服务，解决读者在接受服务过程中遇到的困难。

（七）后勤管理

后勤工作虽然表面看起来简单，但其工作内容却是与图书馆职能的正常运转密不可分的。后勤工作具有服务和保障特性，主要为图书馆提供各种服务和资源性保障，具体包括水电维护、设备维修、办公物品采购等一系列活动。

这些活动为馆员和读者提供了便利，是行政管理工作中不可分割的一部分。

总之，行政管理工作艰巨繁杂又零散琐碎，本章对人力资源管理和财务管理这两项行政管理工作中最重要的两项进行了专门论述，行政管理工作的其他内容虽然并没有进行详细论述，但在行政管理工作中同样重要，其工作效果的好坏也直接影响着图书馆工作的正常运行。图书馆应该加强行政管理的各项工作，以科学、合理的方法使行政管理工作充分发挥其枢纽作用。

第三节　图书馆人力资源管理

行政管理无非就是对人的管理。图书馆人力资源管理的任务就是确保图书馆在适当的时间获得适当的人员（包括数量、质量、层次和结构等），实现人力资源的最佳配置，使图书馆和馆员双方的需要都能得到满足。所以人力资源的管理部门作为图书馆行政管理的基础部门之一，承担着对馆员的规划和选拔、培训和开发，保留和激励，评价和考核工作。我们知道，有效的人力资源管理，有助于管理者成功地实施组织战略。图书馆的人力资源管理应以确认、发展、激励和评价与组织的目标一致的活动为着眼点，着重发挥馆员的创造力和构建学习和创新的工作环境，从而创造和激励一支成功的图书馆馆员队伍。

一、馆内人力资源的规划工作

人力资源的规划目的是为了保证实现单位的各种目标，并有助于改善人力资源的配置，降低用人成本，同时谋求人力资源使用的平衡，谋求人力资源科学有效的开发。图书馆人力资源规划指的是为了达到本单位的战略目标与战术目标，根据馆内当前的人力资源状况，为了满足未来一段时间内组织的人力资源质量和数量方面的需要，做出的决定引进、保持、提高、流出人力资源的工作安排。当然，在制订人力资源规划时要充分考虑图书馆内外环境的变化，注意图书馆的战略与馆员规划的衔接和必须是以图书馆发展为前提。

图书馆馆员按工作岗位划分，可分为行政管理人员、业务管理人员和后勤人员。其中行政管理人员和业务管理人员是图书馆工作人员的主体。行政管理人员主要负责图书馆内部事务的管理和对外事务的沟通，而业务管理人员主要负责图书馆的各项特色业务，但无论是行政管理人员还是业务管理人员的工作内容、特色发展设计，以满足图书馆的未来发展的远景规划。因此，人力资源管理部门要根据馆内人事的需求，通过人事决策、工作设计和职位优化组合，加强有特色的馆员配置，制订相应的政策体系，及时发布人事信息，以便在不断变化的图书馆工作中有效地管理好本馆的人员，使图书馆最活跃的因素——馆员，最大限度地发挥作用。

二、馆员的招聘

在图书馆人事管理中，聘用合适的人员尤显重要。一方面保证聘用到优秀的组织成员，能够胜任工作，做到人尽其职；另一方面，优秀的馆员能满足本单位的工作需求，从而使职得其人，有利于图书馆的发展。因此，招聘是人力资源管理系统工作中的首要功能，是图书馆补充人员的主要渠道，也是获得最佳人选的好办法。通过对招聘的有效规划，使馆员队伍拥有更高的知识、技能和能力。

三、馆员的培训与再教育

对图书馆来说，馆员培训开发对提高馆员的专业技能具有十分显著的作用。图书馆是一个以提供信息服务为主的组织机构，而当今社会又是信息社会，信息更新之快，让人目不暇接，加之信息技术的不断发展，计算机技术、多媒体技术、网络技术等被大量引入图书馆，使图书馆的资源结构、信息处理技术、服务项目和手段都已经发生巨大变化。在这种信息高速发展、变化的时代如何保证图书馆的发展，是图书馆在发展过程中遇到的一项困难，而馆员的再教育和培训开发是解决这个困难的关键因素。教育和培训目的就是为了提高馆员的知识水平，通过补充和提高馆员的专业技能，帮助馆员发展相互沟通、配合的能力。因为，只有加强在职人员的知识更新，不断提高馆员的专业素质和修养，才能使其与图书馆事业同步发展，并跟上信息时代的变化。同时，可根据馆员知识更新的情况，考查他们的业务水平，继而对其进行评议，做到择优选拔。

四、馆员职业生涯规划和设计

图书馆馆员在自己完整的职业生涯中，有安全性、挑战性和自我发展的需要。人力资源管理部门要善于有效地把图书馆的工作目标与馆员个人的职业发展目标结合起来，关注馆员的职业愿望、职业价值、职业感知和对职业经历的有效反应，努力为他们确定一条可依循、可感知、充满成就感的职业发展道路。通过本单位的职业发展规划、晋升计划等达到保留和促进馆员自我发展的目的，以提高图书馆业务水平。

五、馆员激励

图书馆行政管理的目的，就是要充分利用馆内所拥有的资源，使图书馆处于高效运转的状态。图书馆所拥有的资源，无非就是人、财、物和信息四大类，但人才是这四类资源中最重要的资源，其余三种资源都需要人来操作，才能发挥其功能。所以图书馆人力资源管理要注重馆员激励措施的运用，提高馆员的工作热情。这里可以将激励理解为创设满足馆员工作、生活的各种条件，用于激发馆员的积极性，使之产生实现图书馆工作目标的特定行为的过程。主要包括以下几种激励措施：

（一）物质激励

通过正负激励手段，即发放奖金、津贴、福利、罚款等调动馆员的积极性，以期大家多做贡献。但奖罚措施要公之于众，形成制度稳定下来，在实践过程中要力求公正，不搞"平均主义"。

（二）精神激励

精神激励属于在较高层次上调动职工的工作积极性，较之物质激励，精神激励能在更大程度和更长时间里起到刺激效果。精神激励主要有以下几种形式：

1. **目标激励**

目标激励即图书馆作为一个组织机构，应将自己的长远目标、中期目标和近期目标对馆员进行宣传，加强馆员了解自己在图书馆目标实现中所起的作用，使馆员认识到只有在完成本单位的目标过程中，才能实现个人事业的发展和待遇的改善，图书馆的发展与馆员息息相关，从而促进图书馆馆员的责任心和凝聚力。

2. 工作激励

一位日本的学者曾经说过："工作的报酬就是工作本身！"这句话表明工作本身具有激励作用。在工作中人们如果获得足够的重视和发挥的空间，就会力求将自己最大的潜能发挥出来，以期表现出自己的才能，最终获得一种自我价值的实现感。图书馆人事管理工作要重视馆员工作本身的激励作用，多为馆员创造发挥的空间。

3. 荣誉激励

荣誉是众人或单位对个体或群体的正面评价，可以满足人们的自尊需要，是激发人们奋力进取的重要手段。荣誉作为一种激励手段，不需要太多的资源，但其效果深远，是人事管理中很好的管理手段。

（三）情感激励

情感激励指的是加强与馆员的感情沟通，尊重馆员，使馆员始终保持良好的情绪以激发馆员的工作热情。这会使得馆员在良好的心态下拓宽工作思路，从而快速解决所遇到的工作问题。可以看出，情感激励是一种动机激发功能。具有创造良好的工作环境，加强管理者与馆员之间及馆员之间的沟通与协调的作用，是情感激励的有效方式。

（四）发展性激励

发展性激励是图书馆为馆员创造学习与成长的机会，包括职业生涯发展体系设计与使用、设置挑战性的工作任务、提供更多的学习与培训的机会、合适的轮岗安排等。其中，职业生涯发展体系通过为馆员构建职业开发与职业发展轨道，最大限度地开发个人的潜能并充分发挥其潜力，使之与馆员的职业需求相匹配、相协调、相融合，使图书馆的发展与馆员的需求达到最佳的结合，最后达到满足图书馆和馆员的需要，获得双赢的结果。因此，职业生涯发展体系的设计与使用成为发展性激励的主要内容。

六、馆员的绩效考核

（一）绩效考核的含义和作用

馆员的绩效考核，一方面是图书馆对本单位工作人员完成工作的质量和数量所进行的评价，即馆员是以什么样的态度完成了所分配的任务，以及完成任务的程度如何；另一方面是对馆员的能力、性格、适应性等素质方面进行综合评价。在图书馆人力资源管理中运用绩效考核，可以用来衡量和评估馆员某一时期的工作表现，协助他们在本单位更好地发展，是一种有效的人事管理手段，具有积极的作用。

第一，绩效考核可以为人事管理和其他管理工作提供客观依据。绩效考核可以根据馆员素质、工作成绩的全面鉴定和评价，了解和肯定馆员的能力和素质，考核结果对于馆员职务升降、调动培训、奖惩等提供重要的依据。

第二，作为人力资源管理的竞争和激励机制，绩效考核打破了人员维持现状，不求进取的心理状态，从而刺激了图书馆发展的活力，是科学规范的人力资源管理制度建立和完善不可或缺的手段。因为，绩效考核可以创造竞争和激励，为馆员的工作行为提供测量标准，从而起到鼓励先进、鞭策后进的作用，使馆员保持旺盛的工作热情，出色地完成工作任务。

第三，绩效考核为考核者和被考核者提供了一个正式沟通的渠道，使双方可以面对面地讨论考核结果，指出优缺点和需要改进的地方。考核者可以及时了解被考核人的实际工作状况及工作中出现的问题的深层次原因，从而对人力资源管理各项决策的效果进行评估，及时发现问题和不足，为人事管理政策的改进提供依据。同时，被考核人员也可以及时了解管理者的管理思路和计划，可以更加了解自身和工作及单位对自己的评价，有利于上下沟通、更清楚地接受组织目标，对工作的不满降到最低限度。

第四，绩效考核能把馆员的行为与图书馆的目标有机结合在一起。通过把馆员的行为导向图书馆目标和监督馆员的行为，能够使馆员的行为与图书馆目标的实现达成一致。因为，绩效考核实质上是一种行为规范方式，通过被认可的、有助于目标达成的行为方式和行为标准，试图把馆员的行为导向图书馆期望的目标，并将行为结果与馆员在图书馆发展的前景联系起来。另外，绩效考核还能通过承认和奖励馆员良好的绩效以激励其绩效"达标"，或者确认和改正存在的绩效问题，从而有利于馆员的行为不偏离图书馆的目标。

（二）绩效考核的原则和内容

1.绩效考核的原则

为了做好图书馆绩效考核工作，需要在工作中坚持以下原则：

（1）客观公正原则

绩效考核要以绩效这一事实为基点，考核的重要依据可以因馆员职位不同而不同，但考核的指标要客观。也就是说，绩效考核绝不能主观臆断，无中生有，编造事实；考核的重要依据不能因人而不同；指标要准确具体，要具有针对性和可操作性，应反映具体职位的基本特点，便于衡量和考核。而且，指标要尽可能定量化，以增加考核的科学性和准确性，能够准确地评定和反映馆员的实际工作绩效水平。不准确和不公正的考核往往会使馆员丧失对图书馆的信任，从而影响馆员的工作积极性。

（2）民主公开原则

考核工作要民主、公开和透明，应让馆员了解考核的目的和意义。也就是说，不能搞一言堂，特别是不搞"暗箱操作"，应把考核条件、考核范围、考核标准、考核程序、考核结果等事项都加以公开，只有公开的评估才是公正的，才能得到图书馆全体馆员的认可。

（3）注重实绩原则

馆员的实绩指的是馆员的工作绩效，包括完成工作的数量和质量、对馆内建设的贡献等。它是馆员工作态度、工作作风、工作经验、工作技能和知识水平等方面的综合表现。注重实绩的考核有利于激励馆员认真履行工作职责；有利于馆员不断提高自身素质，以便更好地完成本职工作；有利于克服考核过程中可能产生的不当行为，为考核确定一个量化的标准和工作指南，增加了考核的准确性和可操作性，减少了不当行为发生的可能性。

此外，在馆员绩效考核中要注意考核原则的一致性和可靠性，要适应各类型、各层次人员，具有可执行性。考核应及时、有针对性地进行反馈。因为，把考核结果反馈给被考核人，能够让馆员了解自身的优缺点，以便馆员及时发挥长处和克服短处。

2. 绩效考核的内容

馆员的绩效考核的基本内容包括德、能、勤、绩四个方面。德、能、勤、绩是一个有机的整体，德和能是业绩考核的基础，勤和绩则是工作过程和成果的具体表现。其中，绩是德、能、勤的综合体现，我们不可能抛开工作业绩来空谈馆员的思想品德、工作能力和工作态度。在对德的考核中，应当注重馆员的政治思想素质，道德素质和心理素质；在对能的考核中，应当突出馆员的能力素质；在对勤的考核中，应着重于馆员勤奋敬业的精神上；而对绩的考核则应将重点放在馆员的工作绩效上，包括馆员完成工作的数量和质量、产生的经济效益和社会效益。

（三）绩效考核的程序和方法

图书馆绩效考核是一项细致的工作，必须遵循一定的程序来进行。一般而言，绩效考核的程序可以分为横向程序和纵向程序两种。

横向程序是按照绩效考核工作先后顺序形成的过程来进行的，主要环节包括：第一，准备阶段。获取馆内的支持，对馆员进行必要的宣传和动员；选择考核的时间、地点、方法和考核人；制订考核标准，避免主观随意性。第二，具体执行阶段。首先，由馆员在一定范围内进行述职，介绍自己在被考核阶段的工作情况，取得的工作成绩及存在的不足之处。然后由考核人进行民主评议，对馆员的工作绩效进行考证、测定和记录。然后，考核人根据已有的资料和对被考核人情况的了解，把考核的记录与考核标准进行分析和评定，从而获得考核的结论。由考核人客观、公正、实事求是地填写考核表。第三，结果反馈。考核结论通常应告知被考核人，使其了解本单位对自身的看法和评价，从而发扬优点、克服缺点。同时，还要对考核中发现的问题采取及时的纠正措施。将考核结果与奖惩、晋升、培训、工资等人力资源管理环节结合起来，有针对性地修正下一阶段的工作计划和人力资源的发展规划。

纵向程序是按照馆内组织的层级进行的，一般先对基层进行考核，再对中层考核，最后对高层考核，形成自下而上的过程，它包括：第一，基层考核。由馆内各科室部门的考核人进行考核，考核内容包括馆员的工作行为、工作绩效，也包括影响其行为的个人特征和品质。第二，中层考核。内容包括各科室部门的负责人的工作行为与特性，也包括该部门总体的工作绩效。第三，高层考核。主要是指图书馆领导层的考核。由图书馆所隶属的上级机构来进行，内容主要包括图书馆目标的达成等内容。

选择考核方法时应该考虑考核的目的和内容，考核人和被考核人及考核的次数、方法的性质。一般说来，可以同时采用多种考核方法，将这些方法综合起来使用，优势互补，以保证考核的有效性。与晋升有关的考核往往采用叙述、评语、图表评等级、排序等方法；与发展有关的考核一般采用行为定向、关键事件法、叙述、评语等方法；与加薪有关的考核一般采用目标管理、工作标准、排序、强迫分配等方法。以下是几种有代表性的绩效考核方法：

1. 比较法

这是通过馆员之间工作绩效的比较来进行绩效考核。它用的排序形式包括：简单排序法，是由考核人依据工作绩效将馆员从最好到最差进行排序；配对比较法，是考核人将每一个馆员相互进行比较，比较中得到好评最多的人员接受最高等级；强制分布法，是考核人在每一个优胜档次上（比如"最好""一般""最差"）都分配一定比例的人员，强制性地把馆员确定为A、B、C级等。

2. 量表法

在量表中列出一系列被认为是成功绩效所必需的个人特征，每一特征都伴有一个评定分数。量表上用数目或描述性的词语指示不同的绩效水平。

3. 关键事件法

指考核人将每位被考核人在工作中表现出来的非同寻常的良好行为或不良行为（或事故）记录下来，在每隔一段时间里根据记录的特殊事件来讨论被考核的工作绩效。

4. 目标管理法

目标管理是把图书馆的具体工作计划以指标的形式分解到每一个馆员的身上，以这些具体指标作为对馆员工作业绩的考核依据的一种考核方式。目标管理通过使每个馆员都为完成工作目标而努力去实现图书馆的要求。主要包括两个方面的内容：与每一位馆员共同制订一套便于衡量的工作目标；定期讨论目标完成情况。

5. 平衡记分卡法

采用一种衡量图书馆未来业绩的驱动因素来考核工作人员，具有战略管理的功能。由于平衡记分卡与奖金相联系，和业务流程改进相联系，因而把图书馆战略与绩效管理结合在一起。它把目标设定为多个方面。每个战略目标都有一个或几个量化的指标，每个指标又都设有目标值，实现每个关键目标都要有一个行动方案。图书馆目标逐级向下分解，一直落实到每个馆员。可以对目标进行定期、经常性地回顾，然后根据不断变化的内外环境对战略、目标、目标值或行动方案进行调整。

第四节 图书馆财务管理

一、图书馆财务管理概述

行政管理体系中除了对人的管理以外，另一项重要的管理对象就是对钱和物的管理。众所周知，在现今这个高度组织化的社会，无论是从事社会管理的政府，还是从事营利活动的企业，甚至一个家庭都离不开人力、物力、资金等要素的运转和支撑。当然，企业等以营利为目的的机构组织中，追求利润最大化是其终极目标，它代表了企业等组织努力实现的最终结果。而图书馆作为一个为社会提供信息服务的非营利性公共组织，其业务活动的目的不是追求利润，而是为社会提供一种公益性服务，其所拥有的财务资源只是实现最终目的的手段，利润本身并不是图书馆的最终目标。但即使这样，图书馆的财务资源管理仍然是图书馆行政管理工作中的一项重要内容。如何加强图书馆资金的管理、扩大图书馆资金来源的渠道、严格控制各项费用的支出、合理安排资金计划，从而使图书馆资金预算计划顺利完成，是保证图书馆正常运行的物质基础。

因此，所谓图书馆的财务管理就是在日常管理中遵循资金运转的客观规律，对图书馆的财务活动及其所体现的财务关系进行有效的管理。这里的财务管理活动包括资金的筹措和分配、制订财务计划和预算、设立专门的财务管理组织、实施财务计划和预算、进行财务监督的全过程。其目标就是控制图书馆的经济活动，提高经费使用的经济效益，维持图书馆良好的财务状况，为图书馆基础服务工作提供物质保证。

此外，在进行财务管理的过程中，图书馆作为非营利的公共服务组织，要严格遵守财务管理的原则。

第一，实行依法管理。对于图书馆的财务管理要依照国家法律法规、图书馆章程和财务管理制度的规定进行，图书馆的财务活动只有在这些制度范围内进行，才能保证有限资金得到合理的利用。

第二，实行计划管理。由于国家财政对图书馆资金的投入量并不能与图书馆的实际发展相符，因此，对财务的管理要有计划地进行，对影响图书馆活动的各种情况要进行预测，对预测结果进行分析后做出决策，并用财务预算的方式表示出来，以提高预见性。

第三，实行统分结合式的管理。图书馆的财务管理应该实行统一领导与分级管理相结合的方式，即财务管理由图书馆的领导者负责，设置单独的财务管理机构和相应的人员对钱和物进行集中管理。财务管理过程中要根据图书馆发展需要，合理安排各部门对资金的使用，保证重点项目和基础建设的资金，并接受馆员的监督。

二、图书馆运转资金的筹措

图书馆作为非营利的公益性服务组织，其运转资金主要依靠政府的投资。即使是大学图书馆的运转资金表面上看来源于学校的经费预算，但究其根源同样是来自政府对教育的投资。所以，图书馆的发展在很大程度上是由国家财政投入的程度决定的。随着我国国力逐渐强大，政府对公益性组织的资金投入比例也逐年增长。不过我国公益性组织众多，图书馆只是其中之一，而由于图书馆的运转资金来源单一，这就使得图书馆在发展过程中依赖现象严重。当前，我国各种类型的图书馆都存在着经费紧张的现象，从而极大影响了图书馆的信息服务质量。如何在现有情况下，扩大图书馆运转资金的来源又能保持图书馆作为非营利组织的公益性，这就要求在图书馆发展中扮演幕后角色的财务管理发挥其应有作用，在资金筹措中为图书馆开辟新的途径。

（一）继续加强政府对图书馆工作的重视，提高政府对图书馆的投资力度

图书馆的资金运转来自政府投资，这一点是毋庸置疑的。单纯依靠图书馆自身的收入维持图书馆的运行并不可行，也会失去图书馆公益性的本质。而这就需要不断地强化政府对图书馆作用的重视，使政府认识到图书馆在现代文化生活中的作用和价值。而要做到这一点，就需要图书馆人不断发展和

创新图书馆和各项专业信息服务，使更多的公众认识图书馆，了解图书馆，利用图书馆。让图书馆成为信息社会不可缺少的信息助手，尤其在面临网络发展的时代，更不要使图书馆在社会生活中沦为可有可无的文化机构摆设。

（二）利用图书馆自身优势，扩大资金来源

第一，图书馆是信息资源汇集的场所，近些年从事图书馆管理工作的人员素质也大幅度提高，硕士、博士等专业型人才大批涌入图书情报领域，使图书馆利用自身的信息优势开挖深层次的信息服务成为可能。当前的科技查新、专题信息跟踪服务等有偿服务工作已经成为图书馆服务的亮点，这些项目不仅扩大了图书馆的服务领域，也为图书馆开辟了新的资金来源。第二，图书馆是文化教育的宣传场所，增加图书馆文化服务领域的活动也能带来一定的经济效益。这些活动主要有信息培训服务、如各种数据库的使用等；文化娱乐活动，如美术、摄影展览等；与图书馆有关的经济活动，如图书展销、珍藏版图书中介等。以上这些活动的举行既不与图书馆作为公益服务性组织冲突，还能为图书馆创造经济收益，可谓一举两得。

（三）加大图书馆宣传力度，吸收各方捐赠

由于图书馆是政府投资的公益性组织，所以一直以来，图书馆多数都是静候读者上门，然后再向其提供相应的服务。因此，社会各界和普通公众对图书馆的认识模糊，利用率也低。这种宣传力度的欠缺和服务方式的懈怠造成图书馆物质资助的一个重要来源——捐赠受到严重影响，常常是时有时无。其实，捐赠一直以来就是图书馆获得物质资助的一种方式，主要以捐赠图书、期刊为主，金钱性质的捐赠并不是主流形式。目前来看，图书馆的捐赠者大概有三种类型，即个人、公司、基金会。图书馆如果想吸收各方的捐赠就要有计划和有目的地向这几种类型的捐赠者进行自我宣传，宣传方式可以灵活多样，但态度要真诚，对吸收的捐赠的管理要公开、透明。

三、财务预算管理

由于资金的有限性和支出需求的无限性，使得图书馆资金在分配过程中要在可能的支出目标之间进行选择，找出优先的支出重点，这对本单位的资

金分配具有重要意义。因此，财务预算管理在图书馆财务管理中是一项重要工作内容。所谓财务预算管理指的就是图书馆对一定期间内取得及使用资金的计划，并通过对预算资金的筹措、分配、使用所进行的计划、领导、组织、控制、协调、监督等活动。其目的是完成预算收支任务，提高资金的使用效率，控制财务风险损失。

图书馆的财务预算是一种权利规制管理，体现了以政府为主要出资者的管理者对资金获得者的权利授予与约束。尤其是图书馆作为非营利性的公益组织，其资金来源于国家财政拨款，为了更好地履行自己的职能，优质高效地完成图书馆的任务，图书馆应该接受国家、政府及公众对自己的资金约束和监督。

财务预算的关键在于预算编制，对于图书馆的预算编制来说，第一，需要根据图书馆的发展需要，确定具体的资金分配方案，要具体化、数量化；第二，应该综合、全面地考虑和分析图书馆发展中的可能变化，并以货币计划的形式具体、详细地反映出来；第三，坚持综合平衡收支、略有节余，尽量避免预算赤字；第四，应量入为出，根据财务具体情况安排支出。

四、财务收支管理

图书馆财务收支管理包括收入管理与支出管理两个方面，其中收入管理主要以政府拨款、各方捐赠及图书馆自创经费等几种形式，其中前两项是图书馆的主要收入来源，这些收入按照规定要纳入财务部门的统一管理之下，这是财务管理的客观需要。而支出管理由于种类多、用途广，管理起来则更加困难，这就有必要对资金的使用范围、用途、指标进行管理，用以实现对图书馆各项财务活动的控制，避免差错或问题，保证图书馆的正常运转。因此，收支管理作为财务管理的基本内容，增强其管理的科学性和规范性，提高收支管理的水平也是至关重要的。具体操作要注意以下几点：

1. 严格遵守收支计划

图书馆财务收支计划是经过图书馆各部门讨论形成并经过严格程序通过的。因此，收支计划一旦通过，就被赋予了相应的效力，对图书馆来说就是具有约束力的文件，非经特定的程序不得随意修改。在计划期间内，各部门和各单位凡是有收入的都必须按规定入账；有支出的，也应按计划规定的项目、金额、时间进行开支；对于没有列入计划的开支项目，财务部门要拒绝为其开支。如果实在必要，应该履行相应的审批手续，编制补充计划、说明原因，并经过审核后才能列支。

2. 建立健全财务支出管理制度

图书馆为了保证财务收支合理有序，应该按照财务管理制度的要求建立健全支出管理体系，针对不同的支出项目建立相应的管理制度。对于经常性支出的核算、使用、效益、标准等实现统一化管理，同时对重大支出项目要遵循严格的程序，完善调研、立项和审批制度。

3. 保证馆内基本项目支出

基本项目支出是维持图书馆正常运转的物质基础，因此，应严格专项支出的管理。在考虑全馆的基础上，切实保证经常性开支的资金供应。为此一方面要严格遵守支出计划；另一方面要本着节约的精神，对于超计划、超范围、超标准的开支坚持抵制，从根本上做到计划开支、有序开支、专款专用。

五、图书馆资产管理

图书馆资产是图书馆占有或使用的以货币来计量的经济资源，具体包括流动资产、固定资产和无形资产三类。这其中任何一种资产都具有其特定价值，可以为图书馆的正常运转提供客观条件和物质保证。因此，图书馆资产是图书馆财务管理的重要范围。

一般来说，流动资产是指在一年内可以变现或者耗用的资产或资金。具有周转速度快、循环周期短等特点。对于图书馆来讲，流动资产主要指短期内可以周转的货币资金。

固定资产则是指期限超过一年并且在使用过程中保持原有实物形态的资产，对图书馆来讲，主要包括房屋、建筑物、运输工具、图书资源及其他诸如桌椅、电脑、书架等设备。对于这些设施图书馆应做好管理工作。首先，需要做好固定资产管理的各项基础工作。如建立固定资产分级管理责任制；编制固定资产目录；建立固定资产的登记簿或卡片；做好固定资产的计价、折旧工作。其次，应当加强对固定资产实物的管理和维修，对新增固定资产做好验收、移交及入账工作。再次，对清理报废及有偿调出的固定资产、租出和租入的固定资产必须做好登记。最后，对使用中的各种固定资产要做好日常维护、保养和检查、修理工作。

无形资产是指图书馆所控制的，不具有实物形态，但可以长期发挥作用且能带来经济利益的资源。在当今社会随着时代的发展和科学技术的进步，无形资产的管理日趋重要。而图书馆作为信息服务的公益单位，其凭借自身优势发展而取得的各种专利技术、文献信息加工成果及其他信息资源的成果等对图书馆的发展具有重要作用，它所创造的效益也有发展的趋势，图书馆应该对这部分资产做好管理工作。

六、财务的监督管理

由于是政府财政支持的单位，财务监督在图书馆管理中显得越发重要。所谓图书馆财务监督就是根据国家有关财务管理的法律、法规和财务制度，对图书馆的财务活动进行审核和检查的行为。

图书馆财务监督的主要内容有：监督资金的筹措和运用；监督预算的执行情况；监督资金的日常使用；监督资产管理状况等。在监督过程中主要依靠财务报告和财务分析为主，把图书馆一定时期的财务状况和预算执行情况编写成书面文件，用财务报表和财务情况说明书具体反映资金的运行情况以方便财务监督的进行。

监督的主体主要有本单位职工、上级主管单位和国家财务监督和审计部门。通过这些主体的财务监督可以使图书馆财务管理存在的问题显现出来，有助于改进和完善图书馆在发展过程中的财务制度，还可以提高资金的利用率，实现资源的有效配置。

第五节　图书馆的管理者与领导者

图书馆的发展成就是图书馆馆员共同努力的结果。图书馆业绩的优劣在很大程度上是由图书馆馆员的种种行为所决定的。而普通馆员的劳动和工作又受管理者及其管理行为所引导、组织和调节。可以这样说，管理者、领导者及其管理行为决定着图书馆的发展和成就。而管理行为首先是管理者与领导者的行为。管理者与领导者，特别是高层管理者的战略决策决定着图书馆的业绩好坏，关系着图书馆的兴衰和发展。

一、图书馆管理者的重要性

从图书馆的性质和职能来看，无论其从事的是图书馆的基础业务如采、编、流的工作人员，还是从事其他工作如财务、办公室等，所有馆员从事的都是一种管理工作。但这种管理工作仅是一种同管理有联系的业务活动，并不从事对人的管理，故而只能称为业务管理人员，而不是真正意义上的管理者。对图书馆工作来说，只有那些在从事管理过程中对图书馆的普通馆员进行领导、组织协调和监督的人员才是真正的管理者，即中级管理者各部门的主任和高级管理者馆长。

管理者对图书馆的发展具有非常重要的作用。第一，图书馆的生存发展在很大程度上取决于这些管理者的决策，特别是高层管理者的战略决策，取决于高层管理者能否审时度势，把握环境的变化，抓住机遇，有胆略地进行风险决策。第二，图书馆要取得良好的运行效果，必须要有严格的管理，而严格的管理要依靠管理者设计、拟订和实施一整套符合图书馆运行的管理制度。第三，合格的管理者本身应是创新者和改革者。在图书馆快速发展和信息膨胀的当前环境中，墨守成规，不改革、不创新，图书馆的发展将无法适应变化着的形势。这就要求管理者尤其是高层管理者作为变革者，克服发展中的重重阻力，排除各种干扰，积极改革创新，利用自身敏锐的洞察力和创新胆量营造图书馆的未来。第四，图书馆的发展在很大程度上依靠本单位各部门间的协调和配合，因此要求面对各部门之间的沟通和矛盾解决，管理者既要有权威又要有经验，才能把各部门的力量集中到实现统一的工作目标中来。第五，图书馆工作目标和社会效益的实现，要依靠广大馆员的工作热情和奉献精神，这就需要管理者在工作中要充分调动馆员的积极性、创造性、开展深入细致的思想工作，不是单纯的说教式的空洞工作，而是贴近馆员的生活实际和工作实际，从而加强图书馆的工作凝聚力。

二、图书馆管理者的职能

图书馆管理者的工作是纷繁庞杂的，既有图书情报专业方面的工作，又有日常管理上的工作。一般而言，管理者工作层次越高，他将着重于非结构化的、非专业化的、长远性的工作安排。而底层管理者主要是保证组织内部稳定的工作，因此，更关注的是当前的、具体的、集中的和短期性工作。但归纳起来，管理者必须做好的基本工作有以下几项，只有将这些基本工作完成，管理者才有可能综合各种资源，实现图书馆的工作目标。

第一，拟定工作目标。不论是中级管理者还是高层管理者在工作中都应拟定一定的工作目标，然后以这些目标为基点，决定为达到这些工作目标所做的事情。并将工作目标向负责管理的馆员解释清楚，借以使目标有效达成。

第二，组织执行工作。分析所需要完成的工作目标，将工作分类，并将其交给相关的执行部门或个人。

第三，联络协调工作。将负责各种业务的馆员组织起来并开展必要的沟通和协调。

第四，考核。管理者对其管理的部门和个人的业绩进行科学、客观的评价，将各种考核的意义及其结论传达给部属、上司及同事，以便做出必要的改进。

第五，培养人才。善于发现下属的特殊能力和才干，有目的地对下属进行培养。

三、图书馆管理者的素质及其培养

由于管理者要在图书馆的管理工作中充当多种角色，履行管理的各项职能，这就要求他们要有坚实的知识背景和基本的管理技能。那么，管理者应该具有什么样的素质呢？众多管理学家们提出了很多观点，总体来看，一个管理者的素质应该包括品德、知识水平和能力三大方面。因为，品德是推动一个人行为的主观力量，决定着个人工作的愿望和干劲。知识和能力代表了一定的智能水平，决定着一个人的实际工作能力。可以说，素质是决定着管理者为谁干、为何干和能干得怎么样的内在基础。

（一）品德方面

一个人的品德体现了其世界观、人生观、价值观、道德观和法制观念，持续有力地指导着一个人对现实的态度和行为方式。作为一名管理者，应该具有强烈的管理意愿和良好的心理素质。

1. 管理意愿和责任感

作为管理者必须具有为他人工作承担责任、激励他人取得更大成绩的愿望。如果管理者缺乏这种意愿，那么他就不可能是一个成功的管理者。管理愿望是决定一个人能否学会并运用管理基本技能的主要因素。只有树立起一定的理想，有强烈的事业心和责任感，管理者才能在管理岗位上有所作为、有所贡献。

2. 良好的心理素质

管理工作具有其特殊性，作为一名管理者，除了要有强烈的管理意愿外，良好的心理素质也是必备要素之一，即要具有创新精神、实干精神、合作精神和奉献精神。面对着复杂多变的管理环境，管理人员要具有创新精神，要勇于引进新的技术、起用合适的新人、采用全新的管理方式，要敢于冒险，并承受风险带来的损失。缺乏这种心理素质的人是不适合从事管理工作的。当然，管理者要有与人合作共事的精神，善于团结群众、依靠群众。同时图书馆的管理者还要有一种服务图书馆、服务馆员和读者的奉献精神。

（二）知识方面

图书馆管理工作要求管理者掌握一定的图书情报专业知识，这些专业知识同管理知识一样是提高管理水平和管理艺术的基础与源泉。因此，管理是一门综合性的科学，涉及的学科知识很广。一般来说，图书馆的管理者应该掌握以下几方面的知识：

（1）政治、法律方面的知识。要掌握党和国家的路线、方针、政策、国家的有关法令、条例和规定。

（2）图书馆学、情报学和管理学知识。要求管理者具有图书情报知识背景，并且管理学知识也是图书馆管理过程中必不可少的知识。

（3）心理学、社会学方面的知识。善于协调人与人之间的关系，以及调动员工的积极性。

（4）计算机方面的相关知识。图书馆在当今社会的发展离不开计算机的支持，不论是图书馆业务管理方面、信息提供方面还是图书馆行政业务的管理，计算机专业知识的应用必不可少。

（三）实际能力方面

一个成功的管理者并不意味着只要把管理的理论、原则、方法背得滚瓜烂熟即可，而是能很好地把各种管理理论与业务知识应用于实践，进行具体的管理，解决实际问题，这才是管理者的实际能力。而要提高管理技能的最有效的方法就是通过实践。在实践中管理者的基本理论和专业知识不断积累和丰富，既有助于将能力与知识联系起来，使实际能力有所增长与发展，同时又促进管理者对基本理论知识的学习消化和具体运用。

四、领导者——图书馆中一类高要求的管理者

管理和领导是两个既有所相似又有所区别的定义，相似之处在于两者都涉及对要做的事情做出决定，并尽力保证任务能得到完成，两者都是完整的行为体系；区别在于管理强调微观方面，侧重具体事项，注重的事情基本在几个月或几年的时间范围内，时间较短，看重风险的排除及管理行为的合理性。领导则注重宏观方面，侧重于发展的整体性，关注更长时间范围的事情，具有一定风险战略的部署。更基本的是，管理和领导具有各自的主要功能。管理是为了维持秩序，使事情高效运转，领导则能带来有用的变革。

基于以上认识，对图书馆的管理者认识就要有所区别。馆长作为图书馆管理者的一类人群就超出了其他管理者，是一种领导者地位，在图书馆的发展中占有更加重要的位置。而领导者——馆长也要有着区别于普通管理者的素质和领导行为。

（一）领导者（馆长）应具备的素质

与普通管理者相比，领导者（馆长）应拥有以下几种共同的素质：

第一，战略思考能力。领导者（馆长）对图书馆发展的指导思想和长远目标应该具有很好的战略思考的能力，不论遇到何种挫折和失败，都应坚持和奋斗下去。

第二，充满激情。领导者（馆长）应对未来的图书馆事业和工作充满激情，真心喜欢自己所做的工作。在工作中用自己的激情鼓舞图书馆的馆员，使馆内的工作氛围浓烈，促进各项工作的完成。

第三，公正。这里的公正包括领导者（馆长）对自己能力的公正评价和对其属下工作人员能力和工作成果的公正评价。因为一个人不了解自己的优缺点和真正的能力是不可能取得成功的。而善于观察、善于和他人共事、善于向别人学习，对自己属下的工作能力和成果要公正、真实地评价同样也是领导者应具备的素质。

（二）领导者（馆长）的关键行为

1.为图书馆构建远景

作为图书馆的领导者（馆长）只是一个不变的工作岗位，但实际执行人却总是在不断变化中的，这就使得图书馆的发展要受到人员更换的影响。因此，图书馆要想成功发展，就需要在管理中注重保持不变的核心价值观和发展目标，这是图书馆不断地适应外部变化成功发展的稳定标志。而图书馆核心价值和发展目标的确定就需要领导者（馆长）的远见卓识和有活力的远景规划。

2.识别和关爱下属

真正的领导者应该了解下属的工作内容和在工作中面对的压力。通过仔细倾听和敏锐观察，认识到下属的需要，在合理范围内考虑他们的最大利益。当前在图书馆行政管理中所需处理的各种关系呈现多样化的发展趋势，领导者（馆长）处于这种关系网的核心。这就要求必须了解其下属的观点和态度，这既是领导者（馆长）向他人表示尊重和认可的最佳方式，也是领导者（馆长）向群众学习的一种表示。

3. 正确利用和提高下属的工作能力

领导者（馆长）的一项基本任务，就是不断地提高其下属把共同的价值标准付诸实践的能力。为了实现这一任务，领导者（馆长）要增强下属的能力和自信，提高图书馆这个团队的工作能力，树立起领导者（馆长）的威信。此外，为了实现这一任务还必须保证下属受教育的机会，以便增加其知识和技术，并在提供资源上给予支持，使下属能够将其能力投入对图书馆的有益的用途中。

4. 服务于图书馆的发展目标

领导者（馆长）的职责就是为图书馆的发展目标而服务，这就要求他们要以行动表明自己将图书馆的发展目标置于工作首位，要在各自岗位上做好自己的本职工作，以实际行动表明自己的决心，努力为图书馆的利益去奉献。并且通过自己的行为去感染下属，使他们为同样的目标而奋斗。

5. 保持希望

一般情况下的图书馆都是国家投资的事业单位，这就使得图书馆在发展过程中缺乏企业那样的竞争性。这种竞争性的缺乏，使得图书馆的发展缺少了一份活力和激情。因此，领导者（馆长）应该让馆员充满希望，努力激发他们的才智和能力，使图书馆的发展一直保持希望，保证图书馆拥有发展的活力。

第五章　数字资源建设

第一节　特色数据库建设

一、系统简介

当前，特色数据库建设在高校图书馆数字化建设中占据重要地位，也是图书馆数字化建设的核心和发展方向。特色数据库是高校、公共图书馆在各自馆藏特色基础上建立起来的具有本馆、本地特色的文献信息资源数据库。

特色数据库的建设极具价值和生命力，这种价值和生命力主要通过质量保障来体现。在特色数据库建设中要把握三个控制，即建库初始的质量控制、系统建设的流程控制、具体应用的技术控制。特色数据库建设是一个复杂的系统工程，工程建设流程包括选型论证、规划设计、收集整理、加工分类、网页建设与管理维护等环节。

二、特色数据库建设系统的选型

目前主流的数据库建设系统有义华、同方、方正、麦达、TRS、中数创新、国图数字等。选择一款功能强、兼容性好的建库软件对于图书馆来说非常重要。图书馆在引进建库软件之前，可通过多种途径对软件平台进行调研，如通过网上调查、问卷调查、实地考察、功能测试等途径，对特色数据库建库软件进行比较，选择一款真正适合本馆特色数据库建设的软件。具体来讲，可依据以下原则进行选型：①软件的适用性和可操作性；②支持的协议，运行的速度和稳定性；③软件功能是否全面、界面是否友好、数据维护是否简便、功能是否强大；④软件的兼容性和可扩展性；⑤软件的安全性、可靠性。

三、特色数据库建设系统的功能评价

一个比较完善的特色数据库建设系统，一般都要实现一些必备的基本功能，如用户管理、纸本加工（图文扫描、文字 OCR 识别、资源加工、目录编辑等）、资源导入、数据转换（含文本与图像转换、元数据生成与编辑等）、资源加工控制、元数据标引、数据检索与发布、系统管理与维护等。

评价一个特色数据库建设系统，其功能的强大、性能的卓越主要从接口和其他功能方面来衡量。具体来说，可从以下几个模块功能是否实现来检测和评估系统的性能。

1.运行平台：基于 Java 平台，可运行在 Windows 和 Linux 等多种操作系统上；基于 Windows 平台则只能运行在 Windows 系统上。

2. OAI 收割接口：参数配置、收割地址管理、正确解析基本命令、支持 UTF-8 编码、处理和记录异常等功能实现与否。

3. 多种类型的元数据著录：古籍、舆图、地方志、期刊论文、会议论文、学位论文、电子图书、音频资源、网络资源等数据著录，能否正确解析它们的地址权限、参数、复杂对象和文件对象等。

4.METS 收割接口：古籍、舆图、拓片、家谱、地方志、论文、电子图书、网络资源等数据收割，能否正确解析收割命令、返回 METS 数据包、处理和记录异常、配置与管理收割地址、配置收割类型等。

5.Open UR1 接口认证：能否实现资源调度系统发出的各种请求（如 Open UR1 请求）。

6. 统一认证接口：本地认证模式、统一认证模式、本地和统一双重认证模式能否支持；配置认证模式、配置统一认证的角色和权限等功能实现与否。

7. 日志统计与日志文件记录：日志记录（如操作日志、著录日志、检索日志、浏览日志、下载日志、OAI 收割日志和 METS 收割日志）、日志维护（如清空、备份、导入、导出）、日志统计等功能是否实现。

四、特色数据库建设系统公司与产品

（一）CDI CM 内容管理软件

CDI CM 内容管理软件是北京中数创新技术有限公司开发的数字资源管理软件，系统主要针对文本、图片、音频、视频等多媒体信息进行元数据加工。CDI 系统主要应用于数字资源的建设和管理，广泛应用于政府、高等学校、图书馆、档案馆、博物馆、科研所、出版社、企事业单位等部门的文献资料的建设。例如，清华大学图书馆利用 CDI 建设"人物特色资源库"；中国农业大学图书馆基于 CDI 建立若干资源库，如教师信息库、课程信息库、项目信息库、论文信息库；中国人民大学采用 CDI 系统，建设"经济学学科知识门户"，下设学术论著库、专家学者库、学术会议库、学术机构库、科研项目库、信息来源库、案例事件库 7 个基础资源库，共计 70000 余条数据；北京高校网络图书馆采用 CDI 系统建立教师库、学科专业库、课程库、机构库、教材教参库、精品课程库、教师论著 7 个资源库。

CDI CM 是集数字资源加工、信息发布、浏览、检索、运行与应用于一体的数字资源管理软件。CDICM 系统的主要功能和特点是：①多文件格式检索。支持 TXT、DOC、PPT、X1S、HTM1、PDF 等格式的文件的全文检索。②数据转换。支持 MARC、XM1、关系数据库等格式的数据的导入与导出，支持 TRS、TPI 等其他系统格式的数据的导入与导出。③数据著录。支持文本、图像、音频、视频、动画等所有格式文件的著录，文件的大小和数量不限。④权限控制。系统支持字段、页面、数据、内容、资源库等多级别的权限控制。⑤数据生成。系统采用 XM1、XS1T 技术动态生成数据，动态数据库间相互链接。⑥数据发布。可按操作人员、时间、字段、资源库等组合发布数据，支持多网站、多栏目节点动态发布数据。⑦数据收割。系统支持 OAI 元数据和 METS 对象数据的收割。

（二）TRS数据资源建设系统

TRS系统是北京拓尔思信息技术股份有限公司开发的全文数据资源建设服务平台。北京拓尔思公司被列为国家重点扶持软件企业，公司注册资金达2亿多元，公司的核心技术理念为：搜索信息、整合内容、发现知识，专注于海量非结构化信息软件的研发、销售和服务。TRS系统成功应用于图书馆、科研所、政府、企业、银行、出版社等部门，如国家图书馆、湖南大学图书馆、国防大学图书馆、中国国防科技信息中心、人民出版社、人民教育出版社等。例如，湖南大学图书馆利用TRS系统建立了人物库、重点学科导航数据库、学位论文数据库，实现了金融数据库的数据迁移和重新建库，实现了网上参考咨询服务，借助TRS和TRSWAS（发布系统），建立了中国首家书院文化数据库。TRS系统主要应用于非结构化的信息管理服务、企业搜索和电子商务引擎服务、内容管理和企业信息门户服务。

TRS系统的功能和技术特点是：①多种格式的数据管理。系统支持TXT, HTM1、PDF, DOC, MARC, RTF等格式的数据的管理、存储和检索等，支持字符型、数值型、日期型等多种数据类型。②多语种、多编码。支持中文、英文、俄文、法文、德文等语种的数据的存储和检索，支持GB2312，GBK，BIGS，UTF8等字符编码。③智能检索。系统支持分词词典、分词规则的扩展检索，支持自然语言检索。④检索结果展示。系统支持按字、句、词进行简单检索，支持位置、二次、词根、渐进等专业检索。⑤安全机制。系统具备字段级、记录级、数据库级、系统级4层级别的安全管理机制。⑥扩展性和开放性。支持数据过滤、定制开发、全文索引等功能的扩展。开发接口开放，如系统提供API接口、ADO组件、Java平台组件等，满足用户实际应用的开发需要。

（三）DIPS数字文献处理系统

1.DIPS系统概述

DIPS—数字文献处理系统，是由北京新星快威数码技术有限公司开发，是面向图书、情报、档案等领域数字化建设的基础平台软件。DIPS能够满足大容量数据及多用户并发的要求，是新一代集文档影像的数字化加工、数字内容管理和全文检索为一体的信息开发管理平台。DIPS 数字文献处理系统着重解决图书、情报、档案等领域的文献资料的数字化。DIPS 系统以全文检索技术为基础，是集资源数字化加工、数字内容管理、信息发布、信息检索于一身的综合文献信息处理软件。DIPS 系统解决了大容量数据管理及多用户并发的需求，对地方文献、影像资料、网络信息等多种格式的文件信息进行数字化加工和管理，建立非结构化的特色数据库，通过互联网络向用户提供信息发布、资源检索利用等功能。系统广泛应用于高校图书馆、公共图书馆、政府、新闻媒体、档案馆、研究所、中小学校、企事业单位等，如南京大学、中国国防大学、中国科技大学、国家图书馆、中央电视台、合肥市图书馆等单位的信息资源整合、数据库建设和校园网络工程建设。

2.DIPS 功能特点

（1）全能检索。系统提供多种途径的全文检索功能，如跨库检索、渐进检索、分类检索、组合检索、关联检索、扩检缩检、重复检索等，并对检索结果进行排序。

（2）安全机制。提供字段级、记录级、数据库级、系统级、IP 地址级、用户级等多级别的安全控制。

（3）异构存储。系统支持在同一个资源数据库中存储不同格式或类型的文件资源，如支持文本文件、图形文件、多媒体文件、网页格式文件等类型。

（4）接口开放。数据结构开放、程序接口开放、资源加工处理开放。

（5）标准规范。数据格式符合国际标准、数据描述符合国际国家元数据标准、数据传输数据安全控制符合国家安全标准，数据存储和交换符合 CA1IS 规范。

（6）图文关联。系统以图文关联为理念，应用"图文数据库"技术，实现了在图像文献中进行内容的检索。

（7）PDF 数据检索。系统采用了基于 PDF 格式文档的全新数据库，检索关联到页，标注并显示检索内容。

3.DIPS 系统结构

DIPS 系统由数据加工、内容管理和信息发布 3 个模块系统构成。各模块之间既相对独立又相互关联，分别用于数据加工、数据管理、数据发布等功能的实现。DIPS 数据加工模块，主要采用客户端与服务端相结合的网络结构，即允许多个客户端用户独立或协同进行资服数据的加工操作，可处理的数据格式有：TXT、PDF、HTM1、DOC 等文本格式数据，MARC 数据，ODBC 关系型数据，JPEG、BMP 等图像格式数据，音频、视频格式数据，光盘数据，自定义格式数据等。DIPS 数据的加工步骤是：①通过批量处理、转换、导入等获取初始数据；②通过对初始数据进行识别、压缩、装订、标引、校对、审核等二次加工处理，产生入库文件。

DIPS 内容管理模块，也是一种客户端与服务端相结合的网络架构，支持多个客户端用户独立或协同完成系统数据库、库模板、入库文件、词表、词典和用户等对象的维护和管理。DIPS 内容管理可完成的任务包括：数据库的建立、数据库数据动态加载、数据库数据的维护、记录导出、记录下载、索引建立、库体操作、入库文件的追加、发布设置、模板创建、导航设置、检索词创建与维护、安全控制、用户注册、权限分配等。

DIPS 信息发布模块，采用浏览器与服务器相结合的网络架构，主要完成 DIPS 数据库的信息发布、用户个性化定制、检索、应用等功能。DIPS 信息发布支持多种资源展示模板，如图片、文献、多媒体、综合等资源模板，能够根据数据库各自的特性自动生成发布页面。DIPS 信息发布系统的主要功能有：①支持用户对所生成的网页进行个性化修改，如允许用户按各自的需求建立新的发布模板；②支持个性化设置和信息推送，动态生成用户数据，提高系统数据库资源的利用率。

第二节　附书光盘管理系统

一、图书馆光盘资源现状分析

光盘资源是图书馆馆藏资源的重要组成部分。光盘资源的种类很多，有多媒体、数据库、音乐、视频、照片等多种类型的光盘。另外，光盘资源的文件格式也很丰富，如文档类、程序类、数据类、图片类、视频类等。

当前许多图书馆在光盘资源的管理、利用等方面还存在诸多问题：①光盘资源种类多，格式不一致，难管理；②光盘资源的保存、管理、利用等还处于手工状态，没有实现数字化；③光盘资源的保存受到时间、环境等诸多因素的影响，难以保证数据的安全；④光盘资源的管理手段不专业、效率低；⑤光盘资源存在产权保护、存取权限、数据安全等问题。

因此，光盘资源如何长期、有效地保存并发挥其最大的利用价值，以方便读者使用，这是目前图书馆必须解决的一个重要问题。如何让光盘资源更好地服务于教学和科研，为广大用户建立一个资源检索、学习交流、合作研究的良好平台，是当前数字图书馆建设的重要内容。

二、附书光盘管理系统简介

附书光盘系统主要以非书资源的专业化管理为基础，借助大容量的存储介质，实现对非书资源的存储、备份、管理、维护，实现非书资源管理的规范化和自动化，解决海量非书资源的保存和管理等问题。附书光盘系统主要用于对非书资料信息（如书后光盘、磁带等）进行加工、发布、浏览等，其完成的主要功能有：①对各种附书光盘进行有效的管理；②对各种附书光盘进行高效、规范的存储；③提供专业、开放式的检索平台，方便用户对光盘资源进行快速检索、浏览、下载等。

三、附书光盘管理系统开发商及产品

（一）畅想之星随书光盘管理系统

畅想之星随书光盘系统是由北京畅想之星信息技术有限公司开发的。公司主要从事图书馆信息管理系统的开发、销售以及数据加工，其开发的畅想之星软件目前广泛应用于各高校图书馆、公共图书馆和专业图书馆，如北京大学、清华大学、上海交通大学、南京大学、中山大学、中国人民大学、复旦大学等图书馆，其中 985、211 高校用户颇多。

畅想之星随书光盘云平台的推出，突破了区域的限制，使资源达到最大化共享，实现了全国光盘资源的共建和共事，极大节省了图书馆硬件设备的建设，节约了人力资源的投入，云平台主要提供 SaaS（软件即服务）、DaaS（数据即服务）、PaaS（平台即服务）等服务。通过此平台，用户可以轻松地下载所需要的光盘信息资源。畅想之星云平台的功能特点：①"云"控制中心可以将不同运营商网络环境下的服务器群和网络带宽进行链路聚合，不仅访问速度、系统可靠性极大提高，而且保证 24 小时提供服务；②云平台突破了区域概念，实现了资源的全国性的共享；③完善的数据加工系统，年更新近 1 万种光盘、近 900TB 的光盘数据，各个镜像点都提供网络推送服务，数据下载有保障；④云平台对外服务接口开放，各用户可根据需要修改、定制操作界面，以及开发新的功能；⑤云下载引擎支持 4GB 以上的大数据下载，系统支持断点续传；⑥云平台支持各版本的 Windows 操作系统，支持数据版权保护。

（二）盘源随书光盘管理软件

盘源光盘软件由北京盘源科技发展有限责任公司负责开发设计。盘源、光盘系统能够很好地将软、硬件结合起来，代表行业的主流方向，系统广泛应用于图书馆、档案馆、公检法等部门。

盘源、光盘管理的工作分为管理软件、保存设备、相关服务和信息反馈 4 个方面，即光盘管理的 4S 理论，它已成为行业内公认的光盘管理服务标准。

4S 理论如下：①管理软件（Software）。实现光盘离线管理，内容信息在线利用。②保存设备（Store）。即光盘介质本身，提供安全、规范的物理保存环境。③相关服务（Service）。提供完善的光盘管理的整体数字化解决方案。④信息反馈（Survey）。充分考虑用户的使用需求，将需求融入系统的完善和发展上。

盘源光盘管理系统致力于光盘资源的制作、保存、检测、管理和利用，它以光盘载体介质为对象，以光盘数据的保存、保护、管理、利用为主要模式，实现对光盘的数字化解决，极大提高了图书馆光盘资源的利用率。

盘源光盘管理平台的建设旨在打造光盘资源的制作、浏览、借阅、下载、镜像服务、存储保护为一体的资源共建共享服务平台，努力实现集结构优化、功能强大、安全可靠、应用简便、软硬件管理于一体的服务保障系统。

（三）盛赞光盘管理系统

盛赞光盘管理系统是北京盛赞科技有限公司开发的产品，该公司致力于数字信息资源光盘管理和备份等领域的研究，探索光盘的备份、管理、检测、应用等高新技术前沿。盛赞光盘管理系统主要应用于图书馆、档案馆等单位，实现光盘的自动化管理。目前应用该系统的用户有中国科学院国家科学图书馆、国家知识产权局、中国第二历史档案馆、中央美术学院图书馆、中央财经大学图书馆等。盛赞光盘管理系统提供了规范的光盘管理平台，支持多媒体、音频、视频、文本信息等格式的数据光盘的著录，可按不同的分类、著录、标引等进行查询和检索。系统的主要功能特点如下：①控制功能。可自动控制光盘存储设备的联机、指示、驱动和感知等。②安全管理。对不同层次的用户、系统授予不同的管理权限，用户根据权限执行相应的操作，实现光盘的集中、专业化管理。③日志功能。系统对用户的各项操作进行日志自动记录，实现操作的追踪查询。④分类统计。支持光盘数据的分类管理和分类统计，系统可自动、高效地进行数据分类，并可自动生成数据报表和统计报表，以便打印输出。⑤智能管理。支持光盘的离线管理、借阅管理，支持用户借阅等级的设置，如限定借阅数量和催还期限等；⑥智能查询。支持 Web 格式的信息查询、目录查询、图片查询、申请查询等。

第三节　机构库的建设与实践

云计算和开放源代码是近几年来对互联网发展产生重大影响的最新技术，而且都与图书馆的发展有关。最为典型的应用就是机构库。机构库收集并保存了一个或者多个学术机构的知识资源，在当前学术交流体系改革的诸多要素中扮演着关键角色，即扩大对研究资源的存取能力，重申了学术机构对学术的控制力，增加了竞争力，减少了期刊和杂志的垄断性，增强了经济自救力和与各类机构及图书馆之间的关联性等。本节将回顾机构库的发展历程，对比主流的机构库建设平台，结合实际情况进行自建机构库的选型，同时详细介绍了自建机构库的部署过程和数字资源的建设过程，最后论述了今后机构库的管理机制和发展展望。

一、机构库的起源及发展趋势

（一）机构库的起源

20 世纪 90 年代，对机构库影响深远的开放存取（Open Access）运动在全球范围内受到重视，在高能物理学领域，科学家们迫切需要和同行交流他们的期刊预印本。1991 年 8 月，美国的一所国家实验室创建了 ArXiv 电子文档库，后于 2001 年转给康奈尔大学进行管理和维护，研究的学科也由起初的高能物理发展到数学、物理、非线性科学、计算机和生物 5 个领域，ArXiv 库的问世为机构库的发展奠定了基础。2001 年，在俄亥俄州立大学的几位高级行政官员和图书馆馆长布兰宁（Joseph J.Branin）的共同策划下，建立了全球第一个机构库，即俄亥俄州立大学知识库（Ohio State University Knowledge Bank）。之后，一些高校纷纷效仿，建立了以发展大学学术数据库为目的的机构库，如杜克大学乐谱库、约克大学考古库、弗吉尼亚理工大学影像库等。

其中，影响力最大的是麻省理工学院（MIT）建立的 Dspace 系统，该系统建于 2002 年，由学校图书馆和惠普公司（He1ett Packard Co.）共同研发。系统始建初衷是为了让研究人员制作的一万多件电子版学术内容实现网上共享。

（二）机构库的概念及特征

机构库（Institutiona1 Repositories，IR），也称为机构知识库、机构仓储和学术典藏库。根据维基百科的阐述，它是一个收集、保存和传播某个机构（尤其是研究机构）的数字形式知识产出的在线地点。美国 SPARC 高级顾问、机构库权威专家 Crow 认为机构库是学术机构为捕获并保存机构的智力成果而建立的数字资源仓库。

机构库有两个典型特点：①克服现有学术交流模式的弊端，实现研究成果真正意义上的开放取存；②长期保存机构的研究成果，并借此体现机构的学术声望、学术水平和社会价值。

美国网络信息联合会（CNI）执行董事 Lynch 认为一个大学的机构知识库是学校为师生员工提供的一套服务系统，用于管理和发布由其所产生的数字化资料。作为学术出版的一种补充，机构库能够促进更加广泛的学术交流，如传播"灰色文献"（被传统出版商所忽略的一些资料）。

加拿大研究图书馆协会（Canadian Association of Research 1ibraries，CAR1）则提出，所谓 IR 就是指搜集、存储学术机构成员的知识资源，并提供检索的数字知识库。同时认为 IR 可以作为一个全球知识库的子库，为世界范围内的网络用户服务。吴建中教授持与 CAR1 相似的观点，认为机构库是指收集并保存单个或数个大学共同体知识资源的知识库，在学术交流体系改革的诸多要素中扮演着关键角色。

因此，本文认为高校范畴内的机构库是指收集、存放由某个或多个高校所有师生创造的、可供学术机构内外用户共享的学术文献数据库。存储的主体是学术机构本身，免费向全世界开放，并可在机构间互操作。机构库永久保存的文献类型涉及预印本、学位论文、工作报告、多媒体数据、会议论文、会议纪要、教学资料和实验结果等。

（三）机构库的技术平台

目前建立机构库的软件系统很多，如 Dspace，Fedora，ARNO，CDSware，EPrints，iTor 和 MyCoRe 等平台，对各高校或者学术机构都是开放的，可自由使用。

1. Dspace 系统

Dspace 系统是由美国麻省理工学院图书馆和美国惠普公司实验室合作开发的，是一个源代码开放的数字存储系统。

Dspace 系统是一个源码开放的软件平台，可以自由使用、复制和修改，该系统采用 Java 编程语言编写，以 PostgreSQ1 为后台数据库，以 Apache 或者 Tomcat 作为 Web 运行平台。Dspace 系统支持存储期刊论文（Journal）、学位论文（Paper）、预印稿（Preprints）、会议论文（Conference Papers）和技术报告（Technical Reports）等文件类型，利用免费搜索引擎 Lucene 向用户提供功能强大的检索，Dspace 系统允许管理人员索引新内容、重建索引以及在指定范围内检索。Dspace 迅速发展成剑桥大学、康奈尔大学、俄亥俄州立大学、罗彻斯特大学、多伦多大学和华盛顿大学 7 所著名大学直接参与的联合机构库。

Dspace 系统是当前国内外学术机构建立机构库的首选，根据 Open DOAR 网站的统计显示，截至 2015 年 8 月，有 41.2% 的机构库都采用 Dspace 系统作为其机构典藏的建设平台。

2. Fedora 系统

弗吉尼亚大学和康奈尔大学共同开发了 Fedora 系统，该系统建立在数字对象和仓库结构的基础上，具有很强的灵活性和扩展性。在 Fedora 系统上，可以建立功能全面的机构库和支持相互操作的数字图书馆。目前该系统可以对 10 万个对象进行有效操作，新的版本有望增加一些重要功能，如政策的执行、对存储对象的翻译及支持多种类型、大容量的数据库。

Fedora 系统由 3 个模块组成：①管理应用编程接口（Application Programming Interface，API），规定了机构库管理人员的界面；②存储应用编程接口，有助于了解机构库的收藏和收藏对象的传递；③支持 http 网络服务的存取，支持各种复杂的数据库，从"箱子里取书式"的单一服务升级到面向用户的且具有较全面功能的分布式数字服务。

3. ARNO 系统

ARNO 系统开发的目的是提供一种能够创建、管理和揭示以 OAI（Open Archives Initiative）为元数据标准的机构库，该系统可以对机构库的内容、终端用户进行集中的创建和管理，它把不同社区的元数据和元数据所对应的内容统一到一个文件库中，各个文件库再组合成一个机构库。反之，机构库的元数据也可通过使用 OJA 协议的收割标准而被收割。ARNO 系统作为一种内容管理工具，有很强的灵活性，但并不是一种自主式的机构库系统，系统目前尚不能提供成熟的用户终端界面。

4. EPrints 系统

EPrints 系统是由英国南安普敦大学开发的，于 2000 年底发行了第一个版本。在机构库发展的起步阶段，该系统是使用较多、分布较广泛的一种。至今，EPrints 系统仍受到 14.9% 学术机构的青睐。系统现在被英国联合信息系统委员会作为"开放引用工程"（the Open Citation Project）的一个组成部分与国家科学基金会（the National Science Foundation，NSF）共同支持。EPrints 系统以 Linux 或 Windows 为系统平台，并将数据库和 Web 发布平台捆绑在 EPrints 系统的安装包中，安装简便、易操作，支持各种元数据标准，并提供整合的高级检索和扩展的元数据，系统灵活性较大，提供按需开发的各种接口及模块。

二、国内外机构库的应用情况

（一）美国的机构库建设

美国机构库的建设开始于 2002 年 11 月，由麻省理工学院图书馆和惠普实验室共同发起。美国的密歇根大学于 2006 年组织了全美机构知识库普查，调查发现：全美机构库的数量已经发展到了一个相当大的规模，而且基本上都是由图书馆负责构建的，图书馆工作人员在机构库建设的各个阶段都扮演着领导角色。在建设初期，图书馆馆长是主要角色，而在后期，图书馆工作人员是建设的主体。

美国图书馆联盟于 2008 年启动了 Hathi Trust 机构库项目，旨在对数百万册的图书进行数字化建设与保存，并为这些公共领域的资源提供在线阅读服务。Hathi Trust 项目是由美国的 23 所大学图书馆共同发起的。至今为止，Hathi Trust 机构库已拥有超过 200 万卷的、约 7.5 亿页的数字资源。

DSPACE 起源于美国，是目前在机构库建设中使用最广泛的软件之一，美国有众多所大学都参与了 DSPACE 联盟项目的开发和研究。此外，DSPACE 联盟还成立了机构库研讨会，专门对机构库建设的技术、内容、质量以及成本等方面进行研究。美国麻省理工学院图书馆基于 DSpace 软件开发的在线机构库很完善，资源很丰富，是一个多学科的综合在线机构库，涵盖理科、工科以及少量人文社科，内容包括期刊论文、学位论文、会议论文、科技报告、工作底稿、多媒体文件等电子形式的教学和科研成果。

（二）我国机构库的发展与建设

机构库亦称"学术典藏库""机构仓储""机构知识库"等。指在网络化环境下，利用信息技术，由特定学术机构或学术联盟共同建立，保存、管理、规范、标引并传播本机构的学术成果，供用户通过互联网免费获取使用的学术数据库。常见的机构库软件有 DSpace、Fedora Commons 等。

图书馆自 2019 年 7 月启动机构知识库建设，经过 3 年的努力，现已完成 I 期建设，基本解决了学校科研成果搜集、管理和向二级部门、个人推送问题。为进一步完善平台功能与数据应用改造，推进机构库 II 期建设，以适应相关职能部门、二级学院、附属医院、教学医院科研管理与学科建设数据的要求，特进行专题调研听取建议。

目前，我国机构库建设平台大体分为三种，一是中国科学院的 Cspace 模式，二是 CA1IS 中心正在发展的"高校机构知识库"，三是各个高校及学术机构的自建数据库模式。

第六章 移动数字图书馆

第一节 移动数字图书馆发展的必然性

一、移动数字图书馆的简介

移动数字图书馆的建设是图书馆数字化的进一步深化。移动数字图书馆是以移动无线通信网络为支撑，以云共享服务为保障，使用先进的手持移动终端设备（如手机、平板电脑等），利用无线通信网络，为用户提供搜索和阅读的数字信息资源，实现读者异地借阅、随时随地阅读的全新数字图书馆经营管理模式。移动数字图书馆的建设将是信息领域的一场变革，也将是图书馆事业发展的一个新阶段。移动数字图书馆的建设将进一步扩大图书馆的服务范围，大力提升图书馆服务于社会的水平，体现图书馆在时代发展中的价值。促进阅读、提高阅读率、提升文化素质，创造学习型社会，是移动数字图书馆建设的最终目的。

二、互联网及移动设备的发展变化

当前，互联网及移动终端设备的快速发展，为移动数字图书馆的发展提供了契机。

2012 年 7 月 19 日，中国互联网络信息中心（CNNIC）在京发布《第 41 次中国互联网络发展状况统计报告》（以下简称《报告》）。

《报告》显示，截至 2017 年 12 月，我国网民规模达 7.72 亿，普及率达到 55.8%，超过全球平均水平（51.7%）4.1 个百分点，超过亚洲平均水平（46.7%）9.1 个百分点。全年共计新增网民 4074 万人，增长率为 5.6%，我国网民规模继续保持平稳增长。互联网商业模式不断创新、线上线下服务融合加速以及公共服务线上化步伐加快，成为网民规模增长推动力。信息化服务快速普及、网络扶贫大力开展、公共服务水平显著提升，让广大人民群众在共享互联网发展成果上拥有了更多获得感。

三、数字图书馆的服务理念

当前我国各类图书馆（如高校馆、公共馆、专业馆等）的发展基本上是以传统图书馆的发展为主，数字图书馆的发展为辅。随着计算机、通信、电子、多媒体等技术的快速发展，数字图书馆的发展将会更迅猛。未来，图书馆的发展将会以数字图书馆为主，传统图书馆为辅。

移动数字图书馆是数字图书馆建设的重要组成部分，它不仅具备数字图书馆的功能，而且其资源具备"移动"功能。这种"移动"功能主要体现在，用户不需要依赖个人计算机来进行数字资源的检索、浏览、下载和阅读等，用户只需通过手机、iPad、个人数字助理、笔记本电脑等手持移动终端设备，就可以获得数字资源的查询、浏览、下载、阅读等服务。

移动阅读作为数字阅读的深层次化应用，解放了需要计算机、网络及固定地点才能进行数字阅读的约束，极大满足了用户数字阅读的移动性和随意性。图书馆引进移动数字阅读，势必会扩大用户对数字资源的使用，提升数字资源的利用率，增强图书馆的服务能力。

数字图书馆服务的目标就是让用户获取信息资源能不受时间、空间、区域等条件的限制，也就是说，用户可以在任何地点、任何时间、任何地方获取图书馆的任何信息资源。图书馆服务从过去的纸本书刊借阅服务到数字图书馆服务，已发展到一定阶段，而从数字图书馆服务发展到移动数字阅读服务，将会使图书馆的服务发展到一个全新的阶段。手持移动终端设备的使用量呈逐年增长趋势，它已经成为资源获取的主流设备。移动数字阅读的发展是社会发展的大趋势，也是图书馆发展的必然方向。

第二节 移动数字图书馆建设的意义及应用

一、移动数字图书馆建设的意义

数字图书馆发展的最终目标是实现所有知识和资源的普遍访问，其宗旨就是要突破传统图书馆受时间、空间、区域等条件的束缚，为用户提供无处不在的信息资源服务。

为实现这一美好的理想，一代又一代人在不断地探索、研究、为之奋斗。在计算机和信息等技术的推动下，在众多同仁的努力下，传统图书馆发生了根本性变化，新一代图书馆即数字图书馆应运而生，图书馆服务的领域、方式和管理手段等发生了前所未有的变化。在图书馆发展的历史长河中，作为知识文明的信息传播者，他们是十分幸运而又充满活力的新一代图书馆人，在他们的努力付出下，完成了图书、期刊等资源从手工管理向自动化管理的转变，他们也紧跟图书馆现代化、数字化、网络化发展的步伐，"白手起家"，从无到有进行了数字资源的创建和积累，初步实现由传统图书馆向数字化图书馆的转变。

移动数字图书馆是虚拟化和现实化的结晶，比传统图书馆更加方便、快捷，而且占用空间小。移动数字图书馆收藏着大量的文字、数字、图片、影视、音频等数字化的信息资源，内容形式广泛，能够满足用户的需求。

近些年来，国内外专家和学者在手机等移动设备上实现了馆藏资源检索、到期短信提醒、预约借书、续借服务、个性化服务等，开通了图书馆新闻、公告、新书通报等手机信息服务，这就是手机图书馆或移动图书馆1.0。由于在实际应用中存在资源数据库系统不一致、数据格式不同、移动终端的系统和浏览器多样、移动终端的显示规格不同、移动运营商之间的不兼容（多制式访问、认证、计费等方式）等问题，所以要想实现真正意义上的移动数字图书馆，就要彻底解决以上问题。建设真正意义上的移动数字图书馆要做到以下几点：

①实现所有数字资源的全文阅读；②支持所有用户，兼容国内大部分厂商的平板电脑和软硬件设备；③操作容易，简单实用，实现无阅读器方式的阅读；④功能足够强大，解决了各种资源的统一检索、统一调度和全文阅读等问题。

二、移动设备在移动数字图书馆的应用

随着通信技术的快速发展，以及智能手机、平板电脑等大众化的移动终端设备的快速普及，手机已经成为除报纸、电台、电视、互联网以外的第五大媒体。中国互联网络信息中心发布的报告证实了手机市场的发展非常迅速，手机用户数量直线飙升，2018年6月，3GPP发布了第一个5G标准（Release-15），支持5G独立组网，重点满足增强移动宽带业务。2020年6月，Release-16版本标准发布，重点支持低时延高可靠业务，实现对5G车联网、工业互联网等应用的支持。Release-17（R17）版本标准将重点实现差异化物联网应用，实现中高速大连接，计划于2022年6月发布。2023年11月22日，工信部发布数据显示，截至2023年10月末，中国5G基站总数达321.5万个，占移动基站总数的28.1%；5G移动电话用户达7.54亿户，占移动电话用户的43.7%，占比较2022年末提高10.4个百分点。5G的实现，使信息传递不再是简单的文本信息，而是丰富的图片、声音、动画等超文本信息。同时，平板电脑等移动终端设备的广泛应用，为移动数字图书馆的发展与应用奠定了良好的基础。

移动终端设备的发展，在移动数字图书馆的建设及人们的日常生活中，发挥着重大作用。

有了移动数字图书馆后，手机等移动设备就不再是单纯的、简单意义上的通信工具，它将成为一座通往拥有无限知识海洋的图书馆的桥梁、一把可以打开知识宝藏的钥匙。

第三节　移动图书馆的发展现状及服务

一、国外移动图书馆的发展现状及服务

2007 年 11 月，首届国际移动图书馆会议在英国召开，开创了移动数字图书馆的新纪元。2009 年 7 月，图书馆联盟系统、教育社区和 Infoquest 机构举办了第一届"手持图书馆员联机会议"，又称"2009 年移动图书馆员会议：关于移动图书馆服务的联机会议"。2010 年 5 月，美国大学与研究型图书馆协会在其发表的《2010 大学图书馆十大发展趋势》报告中指出，移动设备以及应用技术的爆炸性发展将推动图书馆拓展新的服务模式。当前，国外许多高校、公共、社区等图书馆已开通移动数字图书馆服务，其服务主要有短信平台服务、WAP（无线应用协议）服务、电子书阅读服务、音频和视频导航服务、客户端应用服务等。

（一）短信平台服务

使用短信服务之前，用户须凭借自己的借阅证或读者证，在移动数字平台上进行注册，注册成功后方可享用该服务。短信服务有两种，一种是图书馆主动信息，如给用户发送新闻、讲座、图书催还、图书预约、超期罚款、超期催缴等信息；另一种是用户主动行为，读者根据需要，主动查询图书馆的馆藏情况、图书借阅情况、图书续借情况和参考咨询服务等，如美国哈佛大学图书馆、美国普林斯顿大学图书馆、新加坡国立大学图书馆、美国哥伦比亚大学图书馆等。

（二）WAP 服务

WAP 服务分为常规性服务和数据库查询服务两种。

WAP 提供的常规性服务有新闻报道、馆藏书目检索、书刊借阅查询、参考咨询等。各图书馆的 WAP 服务形式多样，各具特色。例如，美国麻省理工学院图书馆的 WAP 网站提供地图公交指引、生活信息、商业移动资源、参考咨询、申请面谈、学科指南和留言反馈等信息服务；加州大学富尔顿分校图书馆提供电子阅览室的计算机占用情况、馆员联系电话、邮件短信咨询和实时咨询等。提供 WAP 常规性服务的图书馆还有剑桥大学图书馆、哈佛大学图书馆、牛津大学图书馆、芝加哥大学图书馆、宾夕法尼亚大学图书馆、多伦多大学图书馆、东京大学图书馆等。

WAP 还提供数据库查询服务。建立 WAP 网站，图书馆可以提供移动式的数据库查询服务，如耶鲁大学图书馆提供 EBSCO、PubMed、Medline Plus 等数据库查询服务，主要功能有查询题录、文摘、全文链接等，通过电子邮件将结果发送给用户。提供数据库查询服务的图书馆还有加州大学富尔顿分校图书馆、纽约大学图书馆、波士顿大学图书馆、哥伦比亚大学图书馆等。

（三）电子书阅读服务

最早推出移动电子阅读器产品的是亚马逊公司，目前较流行的电子阅读器有亚马逊公司的 Kindle 阅读器、索尼阅读器、三星阅读器、韩国现代阅读器、摩托罗拉阅读器等。除了能在计算机上阅读外，智能手机、iPad 也能阅读电子书。图书馆通过引进电子阅读器或与阅读器商家联手开发电子阅读器，以丰富的馆藏资源为基础，实现电子书阅读服务。例如，得克萨斯大学、内布拉斯加大学等图书馆与亚马逊公司合作，读者在自己的计算机或移动终端设备上安装 Kindles 阅读器，就可以阅读图书馆的电子书资源；联机计算机图书馆中心（OC1C）与索尼公司合作，引进索尼阅读器，将大量的电子书向全世界读者开放。为了吸引读者，某些图书馆还提供有声读物，如托马斯福特纪念图书馆、圣约瑟夫县图书馆、纽约图书馆等。

（四）音频和视频导航服务

开放音频和视频服务主要有本地镜像和远程访问两种方式。第一种方式是将音频和视频资源镜像在本馆服务器上，读者需要时可自行下载，也可下载到播放设备或移动设备上播放，如杜克大学图书馆、西雅图图书馆、波士顿图书馆等均提供音频资源。第二种方式是通过远程访问，读取音频和视频资源。如果本馆服务器空间有限，可将音频和视频资源上传到服务质量好、访问量大的专业网站上，如 YouTube、iTunes U 等。目前，爱丁堡中心图书馆、纽约大学图书馆、得克萨斯大学图书馆、亚利桑那州立大学图书馆等都有提供这种服务。读者通过智能手机、平板电脑、PSP 等移动终端设备就可访问 YouTube、iTunes U 网站，分享视频。

（五）客户端应用服务

国外高校图书馆除了提供 WAP 服务外，还普遍提供客户端应用服务，如提供丰富的应用程序供手机等移动终端设备直接使用。读者只要登录图书馆移动数字平台，进行认证后就可以获得各种应用资源，如 EBSCO、JSTOR、1ibGuides、苹果的 AppStore、谷歌的 Android 等。有些图书馆还积极与数据库商合作，提供各种数据库客户端应用程序，如 IEEE、ACS、RSC 等。目前提供这项服务的有美国哈佛大学图书馆、耶鲁大学图书馆、麦吉尔大学图书馆、伦敦大学学院图书馆等。

二、国内移动图书馆的发展现状及服务

（一）国内移动图书馆的开发商及产品

目前，国内除了一些图书馆自主研发移动数字图书馆平台外，一部分数据库生产商、网络服务供应商、实力雄厚的软件公司等相继涉足移动数字图书馆领域的研发。

1. 北京书生公司

北京书生公司成立于 1996 年，其软件的核心技术已达到全球领先水平。公司总部设在北京，另外在美国、天津等地设有分公司。公司在电子印章、信息安全、打印防伪、数据采集与交换等方面拥有独特的技术。2008 年 10 月，书生公司的 UOM1 标准成为国际唯一的文档操作标准。此外，书生公司还在数字图书馆、文档服务器、数字出版、文档数字化、影像存储、数字图书交换、档案管理等领域的研究有重大突破并拥有先进的解决方案。

目前，书生公司累计申请国内外各种专利 130 余项，且绝大部分是发明专利。例如，2010 年，书生公司的文档处理系统专利获得中国专利优秀奖。2011 年，书生公司承担重大科技项目"面向个人的多终端阅读技术"和"在线阅览版权保护技术"的研发。

2001 年书生公司推出第一代数字图书馆。目前，全国已有 700 多家图书馆采用书生数字图书馆产品，通过书生数字图书馆系统可检索千万种以上的图书，其中电子书 260 万种以上。2011 年 6 月，书生公司推出全球第一个移动图书馆即书生移动图书馆。

2. 北京超星公司

北京超星公司成立于 1993 年，是全国最大的图书数字化加工中心之一。2000 年，超星公司建成全球最大的中文数字图书馆。2000 年 5 月，超星数字图书馆被列为国家 863 计划中国数字图书馆示范工程。超星数字图书馆的藏书量超过 260 万种，并且约以每年 10 万种的速度递增。

超星公司是国内规模最大的数字图书馆解决方案提供商和数字图书资源提供商之一。超星公司可以提供集数字图书的加工、采集、创作、发布和交流于一体的完整平台。至今，超星公司自主研发的阅览器 SS Reader 已经成为国内用户数量最多、亮点最多的电子图书阅览器之一。

超星移动图书馆是一个专业的移动数字阅读平台，读者利用随身携带的手机、平板电脑等移动终端设备，可进行馆藏书刊查询、书刊借阅查询、图书馆公告、最新咨询等业务浏览。借助超星移动平台，还可以检索、阅读超过百万册的 EPUB 电子图书、海量报纸文章以及中外文献元数据。

3. 金蟾移动数字阅读

广州金蟾（易博士）软件研发公司成立于 2001 年，主要从事移动数字出版的研发，致力于将移动阅读资源、移动阅读设备、移动阅读应用、移动数字经营等产业进行整合。2008 年 9 月，金蟾公司为图书馆及新闻出版等单位推出 EPOST 数字资源运营平台，这是一个自主经营式平台，图书馆、出版社、杂志社等单位可自行管理、经营自己的数字资源。

EPOST 数字阅读平台很好地解决了当前移动数字阅读的几大难题，如资源管理问题、版权纠纷问题、用户分级管理问题、阅读习惯问题、技术与设备管理问题，为图书馆管理模式和服务模式的创新开辟了新思路。

随着移动通信技术的发展和移动终端设备的普及，会有更多的商家关注这个领域，移动数字图书馆的发展前景广阔。

（二）国内移动图书馆应用现状

国内移动图书馆的建设开始于 2000 年，2005 年以后进入快速发展阶段。2005 年 6 月，首家基于短信的图书馆服务在上海图书馆开通，读者利用手机，通过认证，便可享受到短信、咨询等服务。近些年来，北京大学图书馆、清华大学图书馆、深圳图书馆、浙江大学图书馆、重庆大学图书馆、北京理工大学图书馆等也相继开通了不同功能、不同规模、不同应用的移动图书馆服务。目前国内图书馆开通的移动图书馆服务主要有 SMS 短信服务、WAP 网站服务、应用程序服务等。

1.SMS 短信服务

SMS 短信服务主要包括两个方面，一是图书馆主动向读者推送信息，如新闻、讲座、图书催还、图书预约、新书通告、罚款催缴等；二是读者按照预先设计好的格式向图书馆发送信息，如向图书馆提交书刊查询、图书续借、参考咨询、意见反馈等个性化需求。目前开通 SMS 短信服务的图书馆有国家图书馆、北京大学图书馆、清华大学图书馆、上海图书馆、深圳图书馆、四川大学图书馆、成都理工大学图书馆、河南师范大学图书馆、重庆大学图书馆、浙江大学图书馆、上海交通大学图书馆、厦门图书馆等。

2.WAP 网站服务

在 2007 年以前，国内移动数字图书馆服务主要是以短信服务为主。2007 年以后 WAP 网站服务快速兴起。随着无线网络的普及和发展，WAP 网站服务将成为移动图书馆服务的新主流。目前 WAP 服务开展得较好的图书馆有国家图书馆和上海图书馆等。

2008 年 12 月，国家图书馆推出："掌上国图，即国家图书馆移动服务。"WAP 网站服务包括图书续借、图书催还、图书出借信息、借阅历史查询、图书资源检索、读者服务、文津图书奖、掌上国图、留言板、图书预约、预约通知、读者注册、在线讲座、在线展览、在线阅读、书刊推荐、讲座预告等。

通过 WAP 网站，读者还可以查询大量国图特色资源，其中包括千余种古代典籍，500余种音频，近10万篇硕博士学位论文，32000多张特色资源图片。所有这些资源，读者均可在线浏览。

为适应不同品牌、不同厂商的手机设备，WAP网站同时设计出普版、彩版和4G版三种，并且能够根据手机的功能特点自行选择最合适的版本，读者无须为此烦恼。

2009年10月，上海图书馆开通WAP网站服务，其服务项目主要有书刊检索、电子书查询、新闻动态、讲座通知、地图导航、读者服务等。通过WAP网站，用户经过身份识别或读者认证，通过手机等移动设备就可阅读全新的电子书，并且在阅读时支持书签、笔记、翻译、全文检索等功能。

2013年，上海图书馆准备与盛大文学共同推出"云中上图"，即移动终端借阅平台应用。

近几年，许多高校和地方图书馆都陆续开通了WAP服务，如复旦大学、浙江大学、西安交通大学、浙江理工大学、苏州图书馆、深圳图书馆、南京农业大学、山东大学、成都大学、华南理工大学、湖南大学、常州大学等。目前，国内有部分图书馆正在开发和尝试新的移动数字阅读平台，用于解决在使用移动数字阅读中出现的各种难题。例如，国家图书馆、上海图书馆、广州图书馆、东莞图书馆等大型图书馆使用EPOST资讯运营平台进行移动数字图书馆项目的建设和管理。

第四节　超星移动数字图书馆

一、设计理念

超星移动数字图书馆，是利用移动通信技术和计算机网络技术，以图书馆馆藏资源和信息资源的整合为前提，以适应移动设备的一站式信息搜索为核心，以云服务平台为保障，通过手机、平板电脑、个人掌上助理等手持移动终端设备，为用户提供信息资源的检索、阅读、借阅等服务。超星移动数字图书馆的目标是实现任何用户在任何时间、任何地点、任何图书馆都能获取所需的任何信息资源。

二、设计原则

（一）以用户需求为主

用户利用手机等移动终端设备进行资源的检索和碎片的阅读是一个比较普遍的现象。为了提升平台的检索功能，超星公司将基于元数据的一站式搜索引擎迁移到移动数字图书馆服务平台。超星移动图书馆的建设紧紧围绕用户检索且能够阅读所有图书的章节和主题片段的需求。另外，在资源建设方面，超星移动平台还加入大量的适合碎片阅读的纯文本 Epub 电子图书，满足读者阅读的需求。

（二）充分考虑兼容

由于手机、iPad 等移动终端设备多种多样，型号、系统不一，平台设计需要充分考虑移动终端的兼容性。系统平台允许读者根据自己使用的各种手持移动设备，自主选择适合设备的应用环境。

（三）基于用户体验的服务模式

超星移动图书馆平台在设计时，充分考虑到了用户的使用经验和设备的不同等情况，如手机的品牌、屏幕大小、访问速度、使用功能等。系统平台在开发时重在进行页面设计、内容设计和系统设计，以提高手机资源的组织能力。而且，系统平台还为用户提供图书、期刊等资源的文本式或图片式阅读。系统在设计时，充分考虑了用户行为的容错能力，可以帮助用户从错误中恢复，保持信息服务的一致性和标准性。

（四）以资源整合为保障

超星移动服务平台扩大了移动数字资源的规模和范围，对 Web 资源系统和超星云服务架构共享体系上的所有资源进行了整合，并提供统一的信息服务用户视图，提供统一的系统开发接口和数据格式标准。通过该平台，用户不但可以方便地检索、下载、使用本馆的馆藏书刊和电子资源，还可以检索全国范围内的资源，以及使用强大的图书馆云服务获取全国各图书馆的数字资源，真正让用户获得想要的信息资源。

（五）以个性化服务为中心

超星移动平台的建设是以用户的个性化服务为中心，依据用户的设定来实现各种功能，通过各种渠道对资源进行收集、加工、整理和归分，并向用户推送信息，以满足用户的个性化需求。平台中的每位用户都可以拥有一个个人空间，在这个空间里，每位用户都可以自主完成图书的借阅、续借、预约和证件的挂失等服务，还可以完成书刊到期提醒、新闻公告、新书通报、推荐采购、到期提醒、信息、推送等个性化服务。此外，用户还可以设置、修改手机设备的基本信息，随时随地进行信息的检索、浏览、下载等，真正为用户开辟一个可随身携带的、自由使用的移动空间。

三、功能架构

一个真正意义上的、理想中的移动数字图书馆，从功能上讲必须做到以下几点：

1. 能够进行所有资源的全文阅读。就目前来说，国内只有很少部分的移动图书馆商家能做到这一点。

2. 支持所有手持移动设备用户。目前国内有部分移动图书馆平台支持平板电脑和不同操作系统的手机。

3. 操作简单、实用。在使用中，真正整合各种应用软件，移动用户无须下载或安装阅读器等各种应用程序。

4. 功能强大。读者利用手机、MP4、平板电脑、手持阅读器等手持移动设备，在任何地点、任何时间都可访问和阅读任何图书馆的信息资源。超星移动阅读服务正在努力向以上目标靠近。

四、两大关键技术

（一）解决了移动终端访问数据库资源受 IP 限制的问题

目前大多数手机通过移动、联通、电信等通信网络上网。这些网络一般没有给手机用户分配固定的 IP 地址，或者整个市、县级地区的所有手机用户都是同一个 IP 段地址。由于 IP 的不确定性及数据库版权等问题，因此，数据库商无法对不确定 IP 范围的移动用户群开放数据库资源的访问权限。

超星移动阅读服务系统通过在图书馆内部设置一台代理服务器，解决了内、外网 IP 地址的转换，为移动图书馆用户解决了访问受 IP 地址控制的数据库资源的问题，使用户能够通过手机等移动终端设备访问到图书馆的所有数据库资源。

（二）解决了各种数据库在移动终端设备上访问的界面统一问题

手机的屏幕和计算机的显示屏相比，尺寸相差甚大，原数据库商设计的访问界面只适合在个人计算机上应用，无法在手机等移动设备上使用。在充分保留各个数据库商提供的界面风格的基础上，通过超星移动阅读服务平台的整合，在尊重各数据库商的数据加密的原则上，将其转换为适合手机、平板电脑等移动终端设备使用的统一页面，解决了访问界面统一的问题。

五、移动阅读平台代理服务器的工作原理与资源挂接

（一）超星移动阅读平台的工作原理

1. 工作原理

（1）读者发出请求：读者通过移动终端访问界面，在检索框内输入关键词（如书名、主题词等），然后系统会将读者的请求发送到平台。

（2）平台搜索：平台将读者的请求发送到搜索引擎进行检索，并返回检索结果。

（3）资源定位与调度：搜索引擎将检索结果的原文地址发送到平台，平台向资源数据库发出全文调度请求。

（4）返回所要全文：资源数据库向平台返回资源全文（可直接打开阅读或通过文献传递获得）。

（5）全文界面转换：平台将数据库返回的原始页面转换为适合手机、平板电脑等移动终端设备阅读的页面，并将页面发送到读者的手持移动终端设备上。

（6）全文浏览阅读：读者利用超星移动服务平台进行浏览、阅读和管理文献信息资源。

2. 馆藏资源的 OPAC 挂接原理

在超星移动阅读平台中可与馆藏 OPAC 系统进行挂接，实现 OPAC 的大部分功能，如馆藏书目检索、书刊详细信息浏览、书刊馆藏状态查询、图书借阅查询、图书续借、图书预约等。

实现 OPAC 系统的挂接主要有两种方式，即接口挂接和页面分析挂接。

（1）接口挂接方式。主要由各图书馆提供 OPAC 系统相关功能的接口。这些接口一般由图书馆自动化集成系统厂商提供。

OPAC 登录接口：通过此接口，接受输入的读者证号和密码，验证是否为该 OPAC 系统的合法读者，返回登录是否成功标识。

馆藏查询接口：通过此接口，实现馆藏资源的简单、组合查询，显示馆藏资源的基本信息，如书名、刊名、作者、出版社、出版年、索取号、馆藏

数量、预约状态、纸本的财产号等，也可以实现定制每页显示条数、翻页、显示具体页面数等功能。

详细页面接口：有此接口，就可以检索到馆藏纸本的详细信息，如馆藏藏书情况、各分馆分布情况、复本的馆藏状态、可借情况、预约情况、可否续借等。

预约接口：此接口的功能是实现图书的预约。读者输入自己的读者证号和密码预约图书，预约接口自动验证读者的合法性以及自动验证图书是否可以预约，返回预约操作是否成功标识。

借阅信息接口：通过此接口的读者，可查询自己的详细借阅信息，包括图书的基本信息、是否可以续借、是否超期、超期时间、借阅数量等。

续借接口：根据馆藏纸本的流水号或财产号、读者证号、密码续借图书。续借接口自动验证读者的合法性，自动验证图书是否符合续借规则，返回续借操作是否成功标识。

（2）页面分析挂接方式。通过 HTTP 协议访问图书馆 OPAC 系统，对 HTTP 协议返回的页面信息进行文档对象模型解析，并封装转化为所需的字段信息，展示到移动图书馆服务平台。

通过页面分析实现 OPAC 挂接，这种方法不仅设计和开发过程复杂，而且还要求图书馆 OPAC 系统接入互联网。所以目前，这种实现方式在图书馆界很少应用。

（二）电子资源挂接原理

1. 资源挂接流程

通过设置代理服务器，实现图书、期刊等电子资源的挂接。超星移动阅读平台通过挂接系统与各数据库系统挂接，实现各数据库资源的检索。

2. 采用的计算机技术

服务器挂接系统采用 J2EE 架构和 My SQL 数据库管理系统。项目框架采用成熟的 Spring 和 Hibernate 搭建，页面抓取工具采用 H 即 CLient，页面分析工具采用 HTML Parser。图片、文字提取插件使用 C++ 语言进行开发，通过 Java 实现本地调用和混合编程。

3. 代理和配置

数据库资源代理采用统一配置的方式，可以很容易地对新加入的数据库商进行代理和配置，增加了资源访问的灵活性。

六、超星移动阅读平台的功能与特点

（一）体系架构与功能

超星移动阅读平台整合了图书馆内外的各种资源服务，实现了与馆内外各种资源的集成，实现了以下 5 大功能：①与馆藏 OPAC 的集成，实现了馆藏文献信息资源的移动式查询和浏览；②与移动阅读云平台的集成，实现了各种文献资源的查询与传递；③与图书馆数字资源网站的集成，实现了数字资源的统一查询与全文阅读；④与信息互动系统的整合，实现了公告通知、资源动态等信息的发布，满足了读者的个性化需求；⑤创建阅读资源包，实现了多姿多彩的移动阅读服务。

（二）平台特点

超星移动阅读平台的海量信息资源与云共享服务体系，为移动用户提供了资源搜索、资源获取、图书借阅、信息定制等各类服务的一站式解决方案。超星移动阅读平台特点突出、技术先进，详细特点如下：

1. 基于元数据的一站式检索

平台应用元数据整合技术对馆内外的中外文图书、期刊、报纸、学位论文、标准、专利等各类文献资源进行全面的整合，在移动终端设备上实现了资源的统一检索和全文获取。

2. 适合手机阅读

平台充分考虑到手机阅读的特点，超星移动图书馆为手机等移动终端用户提供 3 万多册的 E-Pub 电子图书以及 7800 多万篇报纸全文，专门供手机用户阅读。

3. 云服务共享体系

超星移动平台接入功能强大的云共享服务体系，平台提供 24 小时的云图书馆文献传递服务，无论是电子图书还是期刊论文，都可以通过邮箱获得全文。目前，平台接入了文献共享云服务的区域与行业联盟达 78 个，已加入的高校图书馆和公共图书馆达 723 家。全天内文献传递请求的满足率，中文文献达 96% 以上，外文文献达 85% 以上。

4. 个性化服务体验

通过设置个人空间与图书馆 OPAC 系统的挂接，实现了馆藏资源的查询、续借、预约、挂失、到期提醒、热门书刊排行、参考咨询等自助式移动服务。借助平台，读者还可以自由选择咨询问答、新闻发布、通知公告、新书推荐、到期提醒、预约图书等信息交流服务。

5. 移动资源阅读

超星移动阅读资源包主要包含图书、报纸、杂志、新闻、时评、图片、有声读物、视频课程等资源，该资源包为移动终端用户提供多姿多彩的休闲阅读体验。例如，通过精准的资源导航、资源推荐引导读者；通过绚丽的多媒体资源阅读吸引读者；通过图文并茂的新闻、时评满足读者的需求。

第七章　图书馆智慧化模式研究

第一节　智慧图书馆概述

一、智慧图书馆建设的关键技术

（一）感知识别层技术

1. 传感器技术

应用于智慧图书馆感知层的传感器，主要通过对信号或刺激的接收，使自然环境或生产领域中待测的物理量、化学量发生转换并输出。物联网环境下，传感器主要用于对物和机器的感知，目前主要有：作为视觉的光敏传感器、作为听觉的声敏传感器、作为嗅觉的气敏传感器、作为味觉的化学传感器，以及作为触觉的压敏、温敏传感器等，他们就像是机器的感官，通过这些传感器的使用，可以获得外界的信息。随着智慧地球建设进程的推进，传感器技术已在各行各业得到广泛应用，例如环境保护、远洋探测、家居生活以及医学监护等，都综合应用了多种传感器。

2. RFID 技术

RFID（射频识别）技术是利用射频信号，及其空间耦合、传输的特性，自动识别静物或移动物体的一种技术，目前多以芯片的形式存在。例如，通过对馆内图书、设备、建筑等嵌入 RFID 芯片，就可以减少人工干预，实时监管图书馆内的各项工作，并且根据反馈的实时数据，智能化地采取行动，实现自动化管理，节省资源，如自助借还服务、图书定位、自动盘点等。此外，还可以对读者进行芯片的嵌入，芯片中存储每个读者的个人信息，可以作为其身份的唯一标识，轻松通过馆内服务的识别认证，如借阅情况、学习记录等，都能通过此标志进行确认，为读者提供自助化、智能化的服务。同时，图书馆可以根据每个读者的标识信息，制定个性化的信息资源服务。

RFID 是图书馆智慧化的关键技术基础，在智慧图书馆中的应用非常广泛，如照明采光、安全认证、防火通风等，未来的智慧图书馆建设中，将会更多地用到 RFID 技术。但基于 RFID 需要植入读者标签，这将牵扯到读者隐私保护问题，因此这将是 RFID 应用建设中的最大障碍，需要后续技术的发展，以及政府出台相应的法律政策，保障读者权益，杜绝读者隐私泄露。

3. Beacon 技术

i Beacon 是苹果公司开发的一套开放性协议，通过低耗能蓝牙技术即蓝牙 4.0 的应用，由 i Beacon 基站发射信号，创建一个信号区域，当携带移动设备的用户进入该区域时，便可通过具备 i Beacon 功能的设备与应用方进行通信。读者携带具备蓝牙功能的移动设备，能够进行信号采集和数据汇总，计算当前坐标，依据指纹信息库将读者定位，然后向服务器发送请求，以获取位置服务。因此，i Beacon 技术的工作过程，大致可分为三个阶段，即连接阶段、数据采集阶段、定位阶段。其具体在智慧图书馆内的应用所实现的功能是：室内定位和室内导航。基于此技术，图书馆可以实现个性化的位置服务功能。针对读者，可对其进行精确定位，并基于其当前所在位置，进行信息推送、图书智能检索、向工作人员求助等，精度能达到 0.5m；室内定位、导航功能，比 GPS 更精准。针对工作人员，通过 Unity3D 引擎软件，构建图书馆的虚拟场景，实时获取读者信息、馆区信息，对全境实施动态智能监管。目前，绝大多数的 iPhone、Android 新机，都可以作为 i Beacon 接收器或发射器，这将极大方便智慧图书馆内人与人之间的交流，虽然短期内图书馆内诸多 i Beacon 技术应用的设想还不能实现，但 i Beacon 的时代也为时不远。

4. 智能卡技术

智能卡通常是信用卡大小，一种内嵌微芯片的塑料卡。嵌有 RFID 芯片的智能卡，不需要物理接触读写器，便可识别持卡人信息。另外，智能卡之所以智能，是因为卡内的集成电路，主要包括：中央处理器、可编程只读存储器、随机存储器，以及固化在只读存储器中的卡内操作系统。因此，智能卡可以在不干扰主机工作的情况下，自行处理大量数据，并通过对错误数据的过滤，来减轻主机 CPU 的负担，一般用于较多端口数目、较高通信速度需求的场景。

目前，智慧图书馆内应用的"智能一卡通"，大多是以智能卡技术为核心，通过计算机技术、通信技术将图书馆智能建筑内的设施互联，使其成为一个有机的整体，用户只需一张"智能一卡通"，即可实现最简单的钥匙、考勤功能，以及复杂的资金结算或操作某些控制，并可根据需要实时监控管理各部门，各局部系统、终端可自动收集信息进行归纳整理，以供图书馆系统进行查询和汇总、管理和决策。互联网环境下的智能卡，又可以相互沟通，不仅能实现独立的智能管理，而且可以保证一致的整体管理。例如，城市公共图书馆之间，通过智能一卡通，实现图书的通借通还，真正给读者的生活带来便利，是智慧城市中文化建设的重要组成部分。

（二）数据汇聚层技术

1. 数据汇聚技术

智慧图书馆感知层的微型传感器，通过自组织的方式，形成无线传感网络。通过无线传感网络，对馆内的环境、监测对象进行实时监测、感知以及相关数据采集，获取信息，进而为用户提供智慧服务。由于无线传感器网络存在局限，如有限的能量、有限的计算资源等，需要运用数据汇聚技术，以减少能量消耗，消除数据冗余，达到增加有用信息流、延长网络寿命的目的。

以数据为中心的路由协议，是数据汇聚技术的主流。根据所监测到的原始数据的特征、表现形式，以及未来应用的不同，在不同协议层对数据含义进行理解，汇聚数据，但一般容易丢失大量信息。如信息协商传感协议，主要是在传送数据之前，通过传感器节点之间的协商，不同节点的资源自适应，确保数据传输的效率和质量。在各个节点之间，通过发送元数据进行交流、协商，从而避免盲目使用资源，同时，相对于传输采集的数据而言，传输元数据又可极大地节省能量消耗。另外还有定向传播路由、基于簇的层次路由协议、基于平衡汇聚树的路由协议等，都可以达到数据汇聚的目的。

聚集函数，主要包括 COUNT（计数）、AVG（平均值）和 SUM（求和）等。由于感知层的传感器节点空闲时，多处于关闭状态；接到指令或监测对象出现时，才产生传感数据。因此，感知层获取的数据具有阵发性、持续性、不可预知性等特点，可以与流数据类比，处理方法也可参照流数据，即与事件相关的时空查询。聚集函数的使用，虽然可以节省能量，但数据的原始结构发生很大变化，故存在一定的弊端。

2. Ad-hoc 技术

Ad-hoc 技术是一种点对点的模式，P2P 的连接，类似于直线双绞线。Ad-hoc 是一种特殊的无线移动网络协议，即在网络中没有中心控制结点，每个结点地位相同，形成对等式的网络，每个结点能够进行报文转发，并且具有普通移动终端的功能。同时，因为所有结点可以自由加入、离开网络，所以，某一结点发生障碍，整个网络仍能正常运行，即有较强的抗毁性。Adhoc 网络不依赖任何预设设施，而是在分层协议、分布式算法的基础上，各个结点协调各自的行为，结点开机后，会自动形成一个独立的网络。另外，不在同一覆盖范围内的结点通信时，只需要普通的中间结点的多跳转发，不需要专用的路由设备。

Ad-hoc 技术的主要应用有两个，即传感器网络、个人局域网。智慧图书馆中的传感器网络，多使用无线通信技术，但因为体积、节能等因素限制，传感器的发射功率一般较小，无法与控制中心进行通信。而分散各处的传感器作为结点，可以组成 Ad-hoc 网络，进而实现多跳通信。应用了 Ad-hoc 技术的个人局域网，可以实现用户平板电脑、手机等的相互通信，还可以像蓝牙技术中的超网，实现个人局域网之间的多跳通信。

3. 传感器中间件技术

中间件是一个软件层，介于底层通信协议、各种分布式应用程序之间，主要作用是：使软件模块之间建立一种互操作机制，屏蔽底层复杂、异构的分布式环境，为上层应用软件提供运行、开发环境。基于感知层的应用特征，传感器中间件提供一种开发平台，主要用于隔离物理网络、上层应用。图书馆内的设备因为来源于不同的制造商，造成通信协议、数据格式不同，便可通过传感器中间件技术，提供统一的数据处理、网络监视，以及服务传送接口。面对图书馆感知层的复杂结构，以及大规模应用开发需要，中间件技术能够提供通用的视图、开发接口，帮助简化开发过程，进而提高效率。

在智慧图书馆的建设中，基于物联网的大规模网络构建，各类图书馆应用的开发，甚至整个中间体系结构，都要综合考虑开发需求和传感器的特点，即感知层不同传感器的特征，以及应用服务层所要实现的服务目标。同时，还要考虑中间件的模型、角色构建。图书馆内的传感器中间件技术，在物联网网关的支撑下，可以细粒度调整不同感知设备的功能，配置分布式应用。另外，通过节点的可编程性，以及任务的重新调度，使节点侧、网关侧相互关联，传感器中间件以其特殊的结构特点，能够以服务的形式满足这一要求。因此，传感器中间件技术在智慧图书馆建设中，发挥着承上启下的作用。

（三）网络传输层技术

1.移动通信技术

随着便携式个人通信设备的广泛应用，图书馆用户对短距离的无线网络、移动通信有了更高要求，如无线局域网技术、蓝牙技术、Wi-Fi技术，以及超宽带（UWB）技术、Zig Bee技术等，以其各自不同的技术特点，在需要的场合发挥作用。图书馆智慧性、泛在性的实现，必然离不开无线网络技术。

Wi-Fi技术又可称为无线保真技术，是一种高频无线信号。目前，图书馆基本实现Wi-Fi全覆盖，且绝大多数的智能手机和平板电脑、笔记本电脑，都可支持无线保真上网。因此，图书馆用户通过携带的PC、PAD、手机等，都可以通过无线进行连接上网，进而实现馆内各种用户数据的汇聚、整合。Wi-Fi技术以其独特的优越性，已成为应用最广的技术之一。UWB技术不同于带宽较窄的传统无线系统，如蓝牙、WLAN等，UWB能在宽频上发送低功率脉冲，因此具有较强的抗干扰性，并且在室内无线环境应用中具备很好的性能，同时还具有较高的传输速率，较大的系统容量等特点。Zig Bee是一种无线传输协议，Zig Bee技术具有可靠安全、复杂度低、功耗小、低速率时延短，以及网络容量大、成本低等特点，成为无线传感网络的关键技术。因此，电子设备之间的数据传输，特别是周期性、间歇性、低反应时间的数据传输，为实现短距离、低传输速率、低功耗的目的，多应用Zig Bee技术。智慧图书馆内基于Zig Bee技术的应用也很多，主要是用于实现馆内的智能消防监控系统。

目前，绝大部分图书馆已实现无线互联网全覆盖，并在此基础上推出各种移动服务，读者通过自己携带的移动设备，例如手机、笔记本电脑、平板电脑等，登录图书馆主页，使用图书馆的服务。生活节奏的加快，微阅读成为大势，各大高校图书馆的"手机图书馆""移动图书馆"也应运而生。SMS服务、WAP服务、APP服务、网络广播服务等被读者所喜爱，并广泛使用。例如，中国国家图书馆的手机图书馆——掌上国图，不仅能够查看轮播消息、公告新闻，还可以使用服务和资源。随着5G技术的稳步发展，未来图书馆中的服务建设，将更加地智能化、多元化。

2. 异构网融合技术

异构网融合是指：电信网、互联网及广播电视网，向宽带通信网、下一代互联网和数字电视的发展中，通过技术改造，使这三大网络的功能、业务范围趋于一致，从而实现网络互联、资源共享。智慧图书馆的物联、协同，是通过泛在网实现的。智慧图书馆的泛在网，主要包括两个方面：能够实现人、书、设备和场馆之间互联的物联网；能够实现服务参与方之间数据交换的数据互联网。智慧图书馆通过异构网的融合，实现多种网络通信技术的集成，进而实现任何时间、任何地点为任何用户，提供任何图书馆的任何信息资源的泛在智慧服务。

随着全国范围内异构网融合技术的发展和投入应用，图书馆建设中已出现成功应用异构网融合技术的案例，如杭州市图书馆——文澜在线。异构网融合之后，一方面，图书馆用户可使用的上网终端将更多，用户对图书馆资源的访问，如数字文献、多媒体资料以及数字期刊等，不受网络形式和地域限制，在任何地方都能通过多种设备访问资源。另一方面，不同网络间的互联互通，不仅使各部门业务上能够渗透合作，而且统一通信协议的使用，使图书馆资源的共建共享变得更加便利。

3. 虚拟专用网络技术

VPN是一种虚拟专用网技术，通过ISP互联网服务提供商，和其他NSP网络服务提供商，利用隧道技术，遵循一定的隧道协议，在公网中建立私有专用网。通俗地讲，VPN是指：接入因特网的两个或多个机构，因所处地理位置的不同，通过对通信协议的特殊加密，在他们的内部网之间，建立一条能够通信的专有线路的技术。智慧图书馆运用VPN技术构建虚拟化的图书馆内部专线。

虚拟专用网络不同于公用网络，是对通信进行加密。信息化时代，知识情报变得异常关键，加之 VPN 低成本、易使用的显著特点，使得在企业网络中应用非常广泛。VPN 网关，主要通过两个方法实现远程访问：对数据包加密，转换数据包目标地址。按照应用的不同，可将 VPN 进行分类，有远程接入 VPN、内联网 VPN、外联网 VPN 三种。针对图书馆内部存在大量的数字信息资源、设备资源，以及泛在环境下用户的个人信息等资源，并且不间断在各用户与用户之间、用户与馆员之间进行流动，这就需要能够保证信息安全的专用网络发挥作用。

4. 数据管理与存储技术

智慧图书馆中数据的显著特征是：数据增长迅速，总量较高；开放性致使数据需 24×365 小时保持就绪状态；完全开放，只受安全机制管理。为提供智慧化服务，图书馆需要建立各种关联数据库，用于存放不同来源和用途的数据。对于海量智慧数据的管理，需要基于语义网的内容管理、元数据存储和检索技术，以实现数据资源的智慧化。

语义网是一种智能网络，是一种个性化的网络，它不仅可以理解词语、概念，还能判断词语之间的逻辑关系，根据用户的喜好，自动过滤掉不可靠的信息，提高了交流的效率和价值，用户在使用中可以对其高度信任。目前，在语义网实现技术的研究中，RDF（资源描述框架）、Ontology（本体）是研究的热点。内容管理不同于传统的资源管理方式，是基于组织机构内部资源的有序化管理过程，根据其格式、媒体类型的不同，进行组织、分类、管理。

元数据检索技术，首先按照文件要求，把数据资源划分成块进行管理。划分成固定大小数据块的文件，在 DHT（分布式哈希表）网络的节点上分散存储。元数据描述，不仅是系统的语义基础，更是数据资源语义化的基本方式。利用元数据收割工具，从图书馆系统节点中，将元数据采集并提取出来进行处理、整合，然后保存在元数据库中，通过元数据注册系统的使用、查询、映射、转换元数据，以便上层进行元数据检索。

（四）应用服务层技术

1. 云计算技术

云计算，是一种超级计算模式，因其云状的拓扑结构图而得名。远程云计算数据中心里，大量的电脑、服务器相互连接，形成一片电脑云，通过系统资源的划分，为需要处理资源的单位，动态分配计算机资源。作为一种新兴的共享基础构架方法，云计算的目的是实现更加安全、更低成本的IT服务。目前，在国外，有IBM和亚马逊等公司；在国内，有无锡软件园、中化集团等机构或公司，都成功建立了自己的云计算中心。

云计算最基本的特性是：虚拟化、整合化和安全化。一方面，面对大规模的数据存储，TB甚至PB级别，需要海量信息处理能力，智慧图书馆利用云计算，可以轻松地进行智慧信息处理，而且对于数据的应用，灵活建立跨单位的语义关联，对用户终端发出的需求，进行智能化回复，用户无需了解复杂环境，便可简单、随意地利用资源。另一方面，云计算可以有效地解决"数字图书信息孤岛"问题，通过将数字图书资源链接至云中心，形成一个数字资源的"虚拟资源池"，用户借助云计算，在虚拟资源池中进行检索，从根本上打破传统图书馆之间的"信息壁垒"。智慧图书馆作为海量数字资源的存储基地，云计算的出现，特别是云存储技术的应用，为其实现各种方便、快捷、高效的智能化服务，提供技术支持。

智慧图书馆应用云计算服务，如基础设施服务、平台服务、软件服务等，都可直接从云计算提供商处获得。分析当前学者们的研究可知，目前，云计算在图书馆内的应用，主要通过两种方式：租用云计算服务，构建基于云计算服务的平台。因为租用服务，在提高图书馆计算服务效率的同时，能节省更多的人力、物力、财力等资源，充分提高了智慧图书馆的运作、服务效率，因此应用更为广泛。

2. 数据挖掘技术

数据挖掘，顾名思义是从一堆数据中挖掘出有价值的知识的过程。严格来讲，是从大量模糊的、随机的、不完全的数据库中，提取出人们预先未知的、有价值的、潜在知识的过程。数据挖掘的过程较复杂，但大致可分为主要的三个阶段：数据准备→数据挖掘→结果分析。数据挖掘的方法较多，如：

关联分析、预测建模，聚类分析、异常检测等。另外，对于同一个挖掘方法又可以有多种算法，因此实际应用中就较灵活、多变，具体问题具体分析。大数据环境下，海量的数据资源，使得数据挖掘技术成为公司企业、单位机构发现知识的重要工具。

图书馆作为大量信息的存储机构，随着信息技术的应用，图书馆内的资源变得更加丰富，智慧图书馆环境下，不仅有知识资源，还有用户的身份信息、借阅记录等，这些都属于结构化的信息。另外，还有用户的行为痕迹，如检索方式、存储行为等，这些属于半结构化或非结构化信息。但无论是结构化、半结构化，还是非结构化数据，都是静态存在的资源，要实现智慧化、泛在化，就要通过数据挖掘技术，将各种数据动态串联，以挖掘其深层次的价值。例如，运用数据挖掘技术，综合分析用户的学历、年龄，以及检索历史、借阅情况信息，可以判断用户的阅读偏好，可主动为其推送满足用户喜好的信息，提供个性化服务。还可通过数据挖掘技术，分析有相同偏好的用户群，进而向该群体主动推送书目信息，变"一人独占"为"群体共享"。此外，对新注册的用户，按照其年龄、专业等信息，推断其可能感兴趣的书目，并主动推送或方便用户分类定制、个性化检索等，使图书馆服务变得智慧化、个性化。图书馆运用数据挖掘技术还可研究其用户群的变化，预测未来发展等，以便及时做出决策。

3. 主动推送技术

信息推送技术，是遵循一定的技术标准或协议，以用户为中心，根据用户在终端设置的个性化需求，服务器主动将符合要求的信息，发送到用户终端供用户随时查看、使用。因此，信息服务方式有较强主动性，服务内容有较强的针对性。

在传统邮递服务的基础上，在 Web 信息传送中引入"订阅"概念，是信息推送技术的一大特点，通过用户的订阅，主动为用户传送数据。信息推送服务系统由三部分构成：①用户需求管理数据库。根据用户填写信息需求表，由服务器进行统计分析，建立用户需求数据库。②信息数据库。建立信息库，根据用户需求从 Web 上收集信息，并分类、整理，制定个性化的信息标准，确定信息都能依照标准进入信息库。③服务器信息推送（PUSH）。作为第三代浏览器的关键技术，能有效缓解信息过载。

不同于传统图书馆的被动服务，智慧图书馆最大的特点之一是主动服务，这就离不开信息推送技术的支持，且推送的信息不仅专业性极强，而且有较高的专指性、针对性，在提高图书馆资源使用率的同时，又减轻网络传输负担、扩大用户范围，实现真正意义上的泛在服务、智慧服务。

4.机器人技术

机器人是一种能够自主控制、自给动力执行任务的机器，是人工智能的一种。它综合运用了多种学科，如仿生学、机械电子科学，以及材料科学、控制论理论、计算机科学等，是将科学技术应用于实践的产物。

目前，根据各行各业的需求，具备不同功能的机器人应运而生，有适用于军事活动、工业生产的，也有适用于医疗救助、农业劳作的。机器人的投入使用，不仅节省了大量资源，更以其高的工作效率取得了显著的效果。图书馆也在发展变化中应用此技术，虽然尚未有较成熟的机器人技术应用，但机器人技术的引入，必将提高图书馆的智慧化程度，减少馆员劳动量、劳动时间。例如，在保安保洁岗位、迎宾岗位，以及报刊信件签收分发、信息咨询等，设置具备相应功能的机器人，解放馆员劳动力的同时，还起到事半功倍的效果。但是，任何事物的出现都有两面性，机器人引入图书馆各项工作中，虽然能带来便利，但会造成一定的经济、社会问题，需要考虑其解决措施。

二、智慧图书馆建设的原则与内容

（一）智慧图书馆建设的原则

1.标准化和规范化原则

智慧环境下，图书馆信息的采集和加工，传播和利用，都是以网络为依托的。"无处不在"的互联网，对于图书馆建设的便利性是不言而喻的，但若要形成全国范围内的图书馆事业体系，甚至全球范围内的共建共享，统一的标准和建设规范是必不可少的。由此可知，标准化和规范化会直接影响智慧化建设的成败。例如国际上通用的数据格式标准规范，统一的网络通信协议，符合行业标准规范的设备等，统一的标准、规范、协议，以及可兼容的软硬件，在数字资源系统建设、技术平台构建、信息服务系统开发等过程中，都是至关重要的，在图书馆系统互联互访到其他系统的智慧化建设中，发挥着不可替代的作用。换句话说，智慧图书馆的未来建设，以及其功能服务更好地实现，必须建立在统一的标准、规范基础之上。

2. 开放性和集成性原则

未来智慧图书馆的发展，将为读者提供智慧化程度较高的个性服务，同时，读者能够互动式或自助式的参与图书馆的服务与管理。在移动互联网的基础上，信息的创建和处理，传输和搜索，都会达到难以想象的高效和便捷，图书馆员不再是唯一的信息制造者和发布者，读者也将成为信息数据的创造者，使得信息的扩散更加迅速，信息在"图书馆—读者"之间的流动更加快而直接。智慧图书馆为用户提供的微信互动、微博分享，网上联合知识导航站，以及电话预约、就近取书等服务，降低了图书馆的进入"高度"，使馆员与读者，读者与读者，馆员与馆员之间能够自由互动、协同参与，在图书馆的管理和服务中，读者可直接或间接地发挥作用。

3. 共建性和共享性原则

全国范围智慧化图书馆体系的建设，一个图书馆的力量是有限的，短时间内很难完成智慧资源建设。几个图书馆之间的信息共享，通过共享人力、物力，可短时间内丰富馆藏资源，最大化地满足用户需求。由此可知，作为个体的图书馆，若想要尽快实现泛在化、智慧化建设，必然需要与其他馆合作，通过共建共享，贡献自己力量的同时，也获得更多其他馆的馆藏资源。为实现信息资源共建共享，图书馆个体可以相互联盟，如国际上的 OCLC（联机计算机图书馆中心），以及国内的 CALIS（中国高等教育文献保障系统）等。一方面，一定区域内的图书馆形成统一体，以联盟的形式采购图书、数据库等，从书商、服务商处获得较低的采购价格，不仅节省资源，也可扩大资源利用率；另一方面，各个图书馆之间可以共享技术、平台资源等，在数字化建设过程中，避免资源重复开发、节约成本，还能有更多的资源用于读者服务，促进图书馆的智慧化建设。

4. 智慧性和泛在性原则

图书馆的智慧化、泛在化主要体现在：①服务时间和服务空间：无线网络技术的发展，更加智能的自动化服务系统的出现，实现在网络所覆盖的地区，都能体验到的图书馆服务，且连续 7×24 小时的服务。图书馆用户通过终端设备，可以不受时间、地点限制地享受数字资源、服务。②服务对象和服务模式：移动通信技术的发展，图书馆的服务模式势必要发生改变，为所有连入网络的用户主动推送资源、服务，不再仅限于到馆用户，每个人都能公平的获取所需资源和服务，真正地扩大图书馆服务对象的范围。③服务内容及服务手段：泛在环境下，图书馆之间资源的共建共享，使得图书馆用户可获得资源服务，不再仅限于本馆的馆藏，而是整合不同平台的资源，如共享资源中心、互联网和开放知识库等，同时，对信息加以归纳整理、去伪存真，然后供用户使用，如通过网站、WAP 平台拓展数字化资源的利用率。

由此可知，时代背景和技术环境的变化，图书馆的建设发展务必要遵循智慧化、泛在化的原则，才能真正体现图书馆的社会价值。

（二）智慧图书馆建设的内容

随着社会的数字化、网络化发展，各种挑战接踵而至，图书馆就要不要转型、如何转型，一直面临着各方面的压力。换个角度，社会的发展，也为图书馆开创了一个前所未有的时代，包括传统的馆舍、资源建设以及服务创新、合作共享、数字平台建设、阅读推广等等，都是图书馆的崭新成果。移动互联网、物联网的出现，平板电脑、智能手机及可穿戴设备等载体的应用，使用户需求发生了巨大变化，不再是以往的简单获取文献，而是直接获取知识、享受智慧服务，随之而来的是图书馆服务模式的与时俱进。

1. 图书智能分拣、盘点系统

RFID 标签的使用，改变了传统的图书馆工作流程，配合 RFID 设备的使用，图书馆管理数据流的业务流程为：采编→分拣→盘点→借阅。图书进入图书馆后，要先进行分类编目、标签工作，后由自动分拣系统分配上架，供读者借阅。读者通过自助借还设备归还图书，分拣系统对归还图书进行整理，后直接分配、上架。另外，由于每本图书都有专属的 RFID 标签，图书的清点工作便变得简单，可通过 RFID 读写装置自动清点，并实时更新图书的存放位置，清楚图书的在架情况。

2. 馆内自助系统

（1）自助借还一体机

自助借还一体机是射频识别技术的一种应用，通过自助借还系统，读者不再局限于服务台办理图书借还，而是读者自助进行操作的一种设备。拥有图书馆智能卡的用户，借书时只需将智能卡片、待借图书放在各自的感应区内，由自助设备自动扫描识别，读取卡片上用户的个人信息、书籍信息，然后用户核对信息并确认借阅，即完成整个借书过程。相对于借书过程，读者的自助还书过程更加简单快捷，只需点击自助设备显示屏上的"还书"后将所要归还图书放置感应区，然后确认信息并归还，无需出示借书卡。另外，可同时借还多本图书，自助借还系统可24小时连续服务。自助借还设备的使用，不仅方便读者，减少馆员工作量，更提高了图书的流通速率、图书馆的服务品质。

（2）座位预约系统

座位预约系统同样是 RFID 技术的一项应用，实现了图书馆内用户与设备的互联。在每把椅子中植入重量传感器，通过馆内的无线网络，发送是否空闲的信息，控制中心汇总所有信息，在显示屏上以图像形式展示，读者可到馆预约，也可通过"我的图书馆"在手持终端预约，座位自助预约系统是图书馆智能化、人性化的体现，用户可根据喜好预约。但对于恶意预约用户，通过限制预约权限、减少借阅数量等形式进行惩罚，以杜绝此类行为的出现。

（3）图书馆多媒体终端机

读者自助操作，进行图书馆导航，以及书目检索和报纸、期刊的阅读，还能用来宣传展示图书馆。

（4）自助打印复印一体机

用户可根据需要，进行自助打印、自助复印，也可将自己需要的纸质图书资源，自助扫描到自己的邮箱，并可通过网络，完成异地打印。

（5）触摸屏阅报机

馆内配置多台触摸屏阅报机，供读者阅读报纸、期刊，并能够进行图书馆 3D 全景地图导航。

3. 智能管理和安全系统

（1）综合能耗管理系统

在智慧城市的大背景下，智慧图书馆的建筑主体务必要达到环保、节能的标准。综合能耗管理系统，是在图书馆内部相关设备内嵌入传感器，以便实时控制整个图书馆的内部环境，包括空调、照明、给排水等，在确保读者人身安全的同时，为其营造舒适的阅读环境，并对馆内设备进行在线监控，确保其最佳运行状态和最低能耗。并根据图书馆所处的地理环境，选择绿色环保的建材，充分利用气候因素，实现智慧图书馆的安全、节能。

（2）图书安全防盗系统

图书安全防盗系统包括 RFID、磁条双重防盗系统。合法借阅的图书，需满足三个条件，即 EAS 防盗位，EPC 编码字段中的标签类型位、消磁。联网状态下，对图书实时监测，如有不合以上三个条件的图书，系统将进行声光报警；脱机状态下，此防盗系统可以实现离线报警。北京超讯科技公司开发的，适用于大型图书馆或书店的 EM-2005 电磁波防盗系统，灵敏度高，盲区小，功耗低，寿命长，并能实现多通道联机使用，各通道之间，可实现单独报警。采用全数字调制技术，配合微电脑控制技术，具有较强的抗干扰能力，因此，能够很好地避免金属干扰引起的纠纷。

（3）智能门禁系统

智能门禁系统一般由门禁控制器、门禁读卡器、门禁管理软件、电控锁和开门按钮，以及管理电脑和门磁等主要部件构成。具备联网功能的智能门禁系统，在集成安保系统的同时，还能集成报警系统。另外，消防门上的电控锁，能够实现火灾时断电，为馆内人员提供逃生路径。

4. 移动服务建设

进入 21 世纪后，随着互联网和信息技术的发展，移动服务方式，从短信服务发展到网站服务，再到移动 APP 服务；服务载体，从普通手机到智能手机、电子阅读器、平板电脑等，使用户可以随时随地，接受或访问图书馆的数字化服务。总的来说，移动服务，是图书馆事业上的一次移动革命。智慧图书馆广泛互联互通的特点，使其能够实现手机、阅读器、IPTV（互联网协议电视技术）等之间的无缝对接。以手机、平板电脑等移动设备为载体的手机图书馆，通过无线上网进行信息的双向传播。基于 4G、5G 手机高速浏览网页的功能，图书馆与数字图书馆之间可实现连接；借助移动短信咨询平台、移动阅读和交流平台，以及网络信息浏览平台，为读者提供书目查询服务，图书的续借、预订和到期提醒服务，参考咨询、读者荐购、个性化定制及移动阅读等服务。读者可以使用手机进行操作，随时随地进行书目检索、图书预约续借和到期查询，获取图书馆的公告信息和讲座预告信息，简单方便。通过相应接口的开发，利用数字图书馆与数字电视的交互，实现二者的互联。用户只要在家通过电视，就能对图书馆的图书进行预约、续借，查询借阅信息，阅读馆藏电子书和期刊，观看视频公开课资源。

5.泛在智慧服务建设

图书馆文献服务，是以文献载体为主；图书馆信息服务，是以信息传播为主；图书馆智慧服务，是以知识传播为主；相比之下，图书馆智慧服务，以用户的智慧生成过程为中心，以智慧创造为目的，培育用户运用、创新知识的能力，根据用户的需求偏好、心理认知，为其提供个性化服务。例如，图书馆用户进行资源检索时，图书馆不仅能反馈原始信息，还能快速分析检索结果，组织成综述、研究报告，供用户参考使用，并能按照用户需要的格式，从多种形式的用户终端导出。

泛在网络环境下的图书馆，一改传统服务模式的局限，使服务定位从用户的角度出发，进行服务拓展，使信息资源占有力、信息检索效率得到重点提高，更重视用户的个性化需求。智慧图书馆将服务融入学习和科研中，通过移情感知，获得用户的原始数据，利用数据挖掘技术，获取隐性知识，主动为用户提供个性化、集成化的泛在服务。

（1）情景感知服务

移动环境中，通过智能终端，使用移动传感设备，例如 RFID、蓝牙、GPS 等，采集读者的原始情景信息；通过读者登录时的账号，感知和捕捉其所处位置，借阅记录和偏好等的动态信息，并进行分类和过滤处理。

（2）订制服务 / 聚合服务

定制服务（RSS 服务），是基于 RSS 即信息聚合技术开展的个性化服务。RSS 具有过滤信息、聚合信息、推送信息的功能，因此在图书馆的具体应用有：新书通告，电子期刊 RSS 服务，读者个性化信息的定制服务等。

（3）推送服务

根据用户信息需求，智能分析用户请求，通过数据挖掘等分析技术，实现主动推送。基于图书馆泛在云平台，通过语义关联技术，依据用户的历史访问记录，记录用户的关注领域，进而推断其喜好特征，建立需求预测模型。通过电子邮件和 RSS 等手段，向用户推送动态科研信息。

（4）预约服务

包括纸质资源和数字化资源的预约，自习座位、研讨室等其他移动设施的空间和设备预约，以及培训预约等。

6. 智慧机器人

按照系统功能的不同，图书馆智慧机器人服务大致可分为以下五种：

（1）自助图书馆，其智能化程度较低

最早出现在美国，是一种迷你型图书馆，能够提供24小时图书借还服务，但局限于面向少量读者。近年来，服务方便快捷的自助图书馆，在我国各地陆续出现，如首都图书馆北门、香港科技大学的自动图书馆等。

（2）机器人与立体仓库的结合应用系统

用于提高大型图书馆的自动化处理能力，如自动存取中心（ARC）概念、机器人堆叠书库管理系统等，主要用于完成图书的存取。ARC 系统存在缺陷且造价昂贵，虽然工作效率和自动化程度非常高，但很难推广。

（3）图书搬运机器人系统（AGV）

具有代表性的是：德国洪堡大学图书馆的 AGV 系统，可以完成图书的分拣、上架，但该系统成本为38万欧元；日本大阪市立大学图书馆的 AGV 图书馆机器人，价格低廉，工作效率高，但只能完成图书的搬运、放置等简单的重复性工作。

（4）全自主智能图书存取机器人系统

能够自动完成图书搬运与存取，上下架、整理等一系列操作，智能化、自动化程度较高，目前尚处于研究探索阶段。

（5）智能参考咨询机器人

大致可分为：数字参考咨询软件，IM（即时通信）软件，用户定制软件。IM 软件，如清华大学图书馆的智能"小图"、上海交通大学图书馆的"小交"，因其成本低廉、交流便捷、用户基础广泛等特点，一经推出便备受欢迎。

三、智慧图书馆建设的问题与对策

（一）智慧图书馆建设中的主要问题

1. 支撑平台与技术问题

智慧图书馆的建设，需要建立在智慧化的平台和技术基础之上。例如馆舍的重新布局和建设，维持图书馆正常运转的物理设备等硬件设施，以及信息管理系统、信息服务系统等软件系统，都需要现代化技术的改进，以达到智慧图书馆构建的要求。虚拟现实技术、物联网技术、数据挖掘技术等的运用，实现现有图书馆系统平台与智慧化设施的整合。例如数字图书馆时期的，以条码技术、磁条技术为基础的自动化集成系统（ILAS），以及以 RFID 标签技术为基础的 RFID 系统，二者的整合，形成智慧图书馆的系统平台。以及依赖各类知识库、分析预测系统而建立的咨询服务，对相应的服务支持系统，都有一定的要求。目前，相关研究处于理论构建阶段，全国范围内统一应用的、成熟的图书馆智慧化支撑平台，还有待研究和开发。

2. 建设成本问题

智慧图书馆建设中，小到每本纸质图书电子标签的使用，大到绿色、节能智慧化馆舍的建设，都涉及资金成本问题。图书馆海量的馆藏，即便单个电子标签的价格仅 1 元人民币左右，但相对于条码、阅读器来说，都是一笔大的开销。一座中型图书馆智慧化建设过程中，仅电子标签的投入，保守估计都需要几百万甚至千万。另外，图书馆最基本的服务是阅读，包括纸质阅读、数字阅读两方面，智慧图书馆将是以数字阅读为主。智慧化阅读平台建设，各种阅读设备的提供，以及数字化资源的购买，都需要充足的资金支持。目前越来越多的图书馆，数字资源的经费高过印本资源。智慧馆舍的重建及改造，物理设备和资源库的购买，都需要资金支持。最后，所有这些资源设备的日常维护，智慧馆员的培训等，都将会带来巨大的资金压力。

3. 智慧馆员队伍建设滞后

馆员是图书馆活的灵魂，是图书馆人文精神的代表。智慧图书馆致力于为用户提供个性化的知识服务，以智慧化的物理设备、泛在无线网络、数据资源等为支撑的同时，智慧的馆员也是必不可少的。21 世纪的图书馆馆员，不再单纯的是图书馆的"看门人"，而是具有图书情报专业知识的高素质人才，能够通过对用户需求的深层次挖掘，对用户行为实时追踪，及时推送所需信息。并能够对馆内资源进行分析、整合，提供特色化的学科服务。

总的来说，图书馆服务的智慧化，离不开智慧馆员。但目前，我国图书馆建设多将智能馆舍建设、数字资源建设、信息空间建设、先进设备补充等作为建设重点，智慧馆员队伍建设相对滞后，但图书馆的服务质量相对于以往，有所提高，但尚未达到智慧化的程度。

（二）智慧图书馆建设的对策

1. 资源共建共享

资源作为图书馆运营的基础，其智慧化主要包括两方面：资源海量化，存储无界化。在智慧图书馆中迅速增加的，不只是网络信息资源、数据库资源等数字化资源，还有馆藏印刷型资源。图书馆资源智慧化的过程，是把每项实体资源植入智能芯片的过程，芯片上写入其所属资源的属性及其本质特征，使该资源成为可识别的独立个体，并通过图书馆泛在的网络环境，实时反馈资源的状态信息。海量资源的环境下，智慧图书馆将会依托云服务构架，从安全可靠的"云"中获得业务支持系统、资源服务系统，使资源存储无界化成为现实。图书馆建立共建共享机制，通过图书馆间的合作，扩大每个馆的资源储备，全方位满足读者需求。

打造特色馆藏和本地资源。对于图书馆自身而言，了解本馆资源使用情况及其他馆的情况，推出个性化服务策略，发展特色资源、特色服务，以达到较高的资源使用效率，及优质的服务质量。移动互联时代，完善的数字资源建设，是各个图书馆的工作目标，目前部分图书馆在数字资源的花费已超过实体资源。考虑到资源建设成本和存储空间的限制，以及资源对于智慧图书馆的重要性，越来越多的图书馆联盟成立，例如世界数字图书馆，由联合国教科文组织建立的网站，供全球读者免费使用。由此看来，资源的共建共享将在智慧化建设中发挥重大作用。

2. 创新技术开发及应用

从包括网络信息技术在内的各种技术应用，以及图书馆的整个发展历程来看，图书馆员关于技术应用的创新态度，会对图书馆未来的建设发展产生至关重要的影响。图书馆新技术的应用，实现自动化管理系统向自助服务转变，解放了馆员的体力劳动，突破了服务的时空限制，图书馆的特色服务得以开展，如学科服务、空间服务、多媒体服务等。随之而来的是更新一轮技术的出现及应用，促使馆员脑力劳动的开展，继而图书馆基于物联网等技术而开展的泛在服务才得以实现。

图书馆作为社会知识服务机构，而非技术研发机构，没有足够的资源专门用于新技术的研发，既非信息技术的创造者，但必须是技术的利用者。图书馆在技术应用方面，绝大多数奉行"拿来主义"，这无可厚非，但要充分结合图书馆的学科特点，进行技术的创新应用研究，提高技术的适用性。如传感器技术、RFID技术的出现，图书馆界便开始了图书馆智能机器人的研究，取得了一定的进展，但仍在研发探索过程中。

3. 转变价值观念

图书馆价值使命的审视与重新定位。图书馆重新识别自身的愿景、使命和价值观，加强与政府、社会各界的沟通合作，争取更多的资金支持，获得更多的话语权和社会关注度，变被动为主动，积极把握机遇进行服务模式的重塑和再设计。物联网RFID技术在图书馆内的应用，实现了实体资源从入库到上架，整个业务流程的智慧化，最大程度节省了劳动力。

增强图书馆的互联网思维，强调图书馆的核心价值。一方面图书馆内部泛在网络环境及全球互联网的发展，图书馆之间资源的共建共享、人力资源的共聘公用都将会成为大势，图书馆应增强互联网思维，深化合作；另一方面，坚守图书馆的核心价值，智慧化建设时期，要杜绝绝对化的"技术论"，重用技术的同时，注重人文建设；保存人类文化遗产的同时，促进知识的自由获取。目前已有图书馆开展部分收费服务，且出现图书馆与书店相结合的情形，图书馆走进书店，抑或书店走进图书馆，都能帮助图书馆更好地顺应形势。

第二节 基于智能机器人的智慧图书馆服务模式

一、智能机器人相关技术

（一）定位识别技术

图书馆应用的定位系统主要分为条形码结合磁条定位系统和射频识别定位系统。条形码结合磁条技术可操作性较强、成本低、可使用寿命较长，因此，国内外大部分图书馆都采用这种定位识别技术。但是，一方面由于条码必须由图书馆馆员手动在图书书脊内植入磁条，劳动强度大，不适合机器人操作；另一方面，条码信息能够涵盖的信息有限，不满足图书馆机器人对于大量信息精准定位的要求，所以，对于图书馆智能机器人的应用不适合条形码结合磁条这种系统。

图书馆的 RFID 图书盘点系统是由 RFID 读写器对图书馆书架上的图书标签进行数据读取，然后将读取到的书架信息和图书信息存入数据库，图书馆的前端相关部门根据系统里面的数据，进行匹配并且展示在架图书数量和图书信息。

（二）自主导航系统

自主导航系统主要通过内置的传感器确定车辆的位置和行驶方向，然后利用数学方法确定行车路径，并且能够将该行车路径与内存电子地图上的道路信息进行比较，最终确定车辆在地图中的位置及获得到达目的地的方向和距离等信息，这些信息在显示器上显示出来，从而起到导航的功能。自主导航系统除了配备上述无引导导航装置外，还配备有距离和方位传感器。

目前能够实现机器人自主导航的方法较多，比如电磁导引、光学导引、激光导引、机器视觉导引等。图书馆使用的室内导航系统主要是地图模型导航和人工路标导航。

人工路标导航是首先设定机器人的行走路线，再利用传感器识别技术对路标进行识别，从而确定机器人行走的路线。机器人能够识别出图书馆地面预设的导航线或者路标，并且按照路标行走，实现自主导航。国外很多图书馆的图书搬运机器人采用人工路标这种方式进行导航，比如日本大阪市立大学图书馆的图书搬运机器人。但是，这种导航方式也存在一定弊端，如果光线比较暗或者机器人移动速度较快将会影响导航精度，这种方式受环境因素影响较大。

（三）语音识别技术

随着计算机技术的不断发展，语音识别技术更加成熟，计算机能够快速识别出用户的语音输入，记录下用户语音包含的信息，然后根据用户的语音信息执行相应的命令。语音识别技术的基本原理是将输入的语音，通过处理后，和语音模型库进行比较，从而得到识别出的结果。

整个语音识别原理包含 6 个部分，其中，语音采集设备包含话筒、电话等可以将语音输入的设备。数字化预处理具体包含模拟信号转换成数字信号（A/D 转换）、过滤和预处理等过程。参数分析是指提取语音的特征参数，然后再利用在这些参数与标准模拟库中的参数进行比较，进一步产生语音识别的结果。模拟库是提高语音识别效果的关键因素，模拟库的准确性和完整性决定了最终结果是否有效。语音识别是指将识别出结果输出到应用程序中。

语音采集后会进行语音信号的数字化处理工作，即预处理。系统采用话筒等语音设备将信号输入给计算机后，声卡会以一定的频率进行数据采样工作，然后进行 A/D 转换，最后将转换后的原始数据储存。但是，由于每个人的发声不同，语音从嘴唇发出将有 6 分贝的衰减，这种现象不利于语音提取，所以必须对语音做一个预处理，即语音的高频补偿，使信号始终保持在低频到高频的整个频带中，便于进行频谱分析或者声道的参数分析。

参数分析，即特征参数的选取和提取。特征提取是指从各语言帧中提取对语音识别有用的信息。在机器人语言命令中，用线性预测倒谱系数 LPCC 来表征短时语音信号可以得到很好的效果。

对语音进行训练并建立标准特征模板库，在识别过程中与模板库的匹配就是对模板库进行提取和比较，一般常用欧式距离测度来进行模板匹配，也就是失真测度。经过对比后，参考模板与测试模板的帧数变成一样，最后判决得出识别结果。

（四）人机交互

智慧图书馆建设中要处理好人机交互发展的关系。智能机器人研究的目的是机器人能够像人类一样智能化工作，为人类服务，对指令和任务及时做出反馈，实现人机交互。人机交互技术是指通过计算机的输入和输出设备，实现人和计算机对话的技术，人机交互技术是计算机技术中的重要内容之一。人和机器之间的相互关系是指，机器通过输出设备或者显示设备给人提供大量的信息或者请示，人通过输入设备将有关信息、问题、请示等输入给机器。人机交互技术的目的是通过全面了解用户的需求，并且了解用户在使用产品过程中的心理和行为，运用到产品中，从而改变人们生活的模式，变得更加方便快捷。

目前，人机交互技术可以实现语音合成与识别、图像识别、翻译等。人机交互技术的应用范围广泛，并且完全深入到人们生活方方面面，打电话、坐地铁等都运用到人机交互技术。良好的人机交互设计能够给人们的生活带来方便，不好的人机交互设计反而会影响到人们的正常生活，因此，人机交互技术的应用还需要有深入的调查研究，方能实现真正的便民。

二、基于智能机器人的智慧图书馆服务设计与实现

（一）多模态图书管理

1. 图书模态相关问题

不同于现有的 RFID 图书管理系统，多模态智能图书盘点机器人图书管理系统有机结合 RFID 的高效感知技术和智能机器人的自动化技术，可以实现在现有的基础设置前提下，不需要改造，即可以实现全自动化的图书盘点等典藏操作，有效管理图书馆图书，推进图书管理的现代化进程，为实现图书馆完全自动化管理。

图书错放、乱放排序：由于射频信号很容易受周围环境的干扰，从而大大降低图书识别的准确率，无法将图书准确归类到实际所处的书架。基于超高频 RFID 技术的远距离识别特性，同时借助 RFID 天线水平方向上的移动，便可以获取到位于天线附近的图书信息，从而实现盘点图书的目的，同时，能够确认图书的大概位置信息。然而由于 RFID 信号受到环境等因素的影响较大，人员产生不稳定性，所以，该图书盘点方案容易出现漏读和多读的现象。除了受到环境的影响，人工通过手持天线进行图书盘点工作时需要大量的人员操作，操作的不稳定性也影响了盘点效果。

图书姿态不整齐：目前，图书馆普遍存在很多图书被读者随意摆放在书架上其他正常竖放的图书上，既影响了读者图书检索，也影响了图书馆的整洁，对图书的准确定位造成很大影响。分类训练模型有很高的分类准确率，但是由于模型固有的缺陷，RFID 信号容易受到环境干扰，分类模型判断时难免会把横放的图书判断成排放整齐的图书，造成图书姿态误判。为减少误判，则必须要多次检测，但是多次检测会影响图书盘点的效率。

图书所在环境数据不完整：图书馆算法不完整，传感器对周围的环境探测和感知数据不完整，从而无法获得全面、完整的环境数据。同时，采集到的数据处理效率较低，无法成功排除一些错误或重复的数据，导致效率和准确率很低。

图书盘点机器人定位不准确：定位不准确就会导致图书管理过程中无法正常工作，无法找到对应书架，甚至是出现错放、罢工等情况，直接影响图书盘点工作的进行。图书馆现有的室内定位技术如超声波定位技术、红外定位技术等在图书馆应用中会产生较大误差，无法用于机器人精准定位。超高频 RFID 技术能够利用 RFID 信号实现快速室内定位，但是精度也达不到毫米级别。

2. 图书管理服务实现

（1）多模态的图书信息特征识别

借助超高频 RFID 感知技术和图像识别技术提高图书信息识别的精准度。设计出有效的数据分析算法，能够高效解析信号数据的目的，同时能够借助图像识别技术辅助识别图书信息，能够准确地将所识别的图书归类到正确的书架号及层数，确定每个书架层图书的相对排列顺序，实现高精度的图书信息识别机制。

信号感知是利用 RFID 技术信号识别这一特性，根据信号内传递的标签信息来识别图书，同时，还能够通过分析挖掘信号强度特征和信号香味特征，达到图书精准定位的目的。图像感知是借助图像识别技术，从而解决因为信号不稳定产生的图书漏读和多读的现象，最终达到降低图书识别过程中的误读率的效果。

（2）多模态图书姿态特征探测

结合分类模型和图像识别技术提高图书各个姿态探测的效率和准确度。多模态智能图书盘点机器人图书管理系统能够结合分类模型和图像识别算法，在解决误判的同时又不影响图书盘点效率。

基于多模态图书姿态特征探测研究基于 RFID 技术以及图像识别技术，能够针对采集到的大量传感数据，通过数据挖掘等技术进行分析，最终能够做出智能决策。在图书内嵌无源 RFID 标签扫描标签时，标签的射频信号能够根据标签姿态的不同呈现出不同的规律，从而通过这样的规律，分类器能够对横放和竖放的图书标签信息分别构建不同的模型进行进一步分类。

为解决 RFID 信号受到环境干扰，造成误判的困扰，可以利用 RFID 技术与图像识别技术相结合，再加上数据挖掘技术支撑，可以大大提高图书姿态探测的效率和准确率。主要操作方法是在利用 RFID 得出最终结论之后，进一步结合图像识别技术，利用摄像头拍摄照片，然后对照片内的物体进行轮廓分析和数据特征判断，最终能够区分出图书形状。

（3）多模态 SLAM 算法设计

智能机器人的发展需要解决定位问题、建图算法和路径规划这三大难题，SLAM 算法是近年来机器人自主定位最主要的方法，目前已经得到很好验证的 SLAM 算法主要有 VSLAM（基于视觉）和 Laser SLAM（基于激光）。VSLAM 主要利用搭载的摄像机对环境进行拍摄，定位时只需要将采集到的实时数据与已知信息进行结合，然后再从地图中找出最相似的位置作为当前位置。Laser SLAM 则是利用激光雷达作为传感器，获取到地图数据，从而实现机器人的同步定位与地图构建。

基于多模态的 SLAM 算法，不仅仅利用单一信息，而是综合利用各类传感器信息，包括摄像头、RFID 阅读器、激光测距器等，使多模态图书盘点机器人能适应不同的应用环境，同时也能弥补只依靠单一传感器搜集数据可能带来的疏漏和误差，最终能够提高定位的精度和效率。利用不同类型的传感器，对周围环境进行多次探测和感知，从而使采集的环境数据更加全面、更加完整，最终提高算法的可靠性和自适应性。随着传感器数量增多，采集的数据越来越大，数据处理的时间也会越来越长，多模态智能盘点机器人图书管理系统在保证环境数据完整、准确的同时，能够运用数据分析和数据清洗技术提高数据处理的效率，排除采集到的数据中存在的一些错误和冗余的数据，从而保证整个算法的效率和准确性。

（二）咨询问答系统

1. 问答系统服务流程

问答系统的设计是智能咨询机器人研究的首要内容，对图书馆智能咨询机器人研究具有关键作用。智能咨询问答服务系统流程为问题接收和处理→问题分类和检索→答案抽取和排序→答案选择和反馈→答案统计和储存。

2. 问答系统具体功能

（1）问题接受和处理

接受问题是处理问题的第一步，只有全面准确地接受问题，才能对问题进行处理，从而解决问题。接受度是指智能咨询机器人能接受读者问题的程度，接受率是机器人接受问题的效率，不仅包括汉语问题，还包括英语、法语等各国语种问题。接受问题后便开始处理问题，此处是指对读者用自然语言提出的各种问题进行预处理，预处理主要包括语义分析、句法分析、词汇分解、关键词提取等步骤。通过预处理对读者提出的问题进行有效分类，然后再通过复数技术在语料库中找到相似的问题。系统设计时，要在系统接收预料问题时在自动学习语言中建设有效的受限语料词库。

（2）问题分类和检索

问题分类是对系统中存储的问题以及读者提出的所有关键词因素进行分类处理，可以采用标准中国图书馆分类法、问题专题分类法、时间分类法、地点分类法、人物分类法等多种方法对问题进行分类。问题检索不仅运用传统的信息检索理论，还需要使用互联网信息搜索技术，获得问题的最大概论出现的文档，并且对获得的文档按照准确率进行排序处理。

答案抽取和排序。答案抽取将读者提出的问题中的关键词、标题词和叙述词，以及计算机系统中的排列组合词汇使用到的单元词进行语料词汇的抽取，便于为后续的答案排序提供基础元素。答案排序是将已经抽取出来的关键词、叙述词等语料词汇元素利用多种不同的排序方式进行排序，排序方式包括系统设定的固定排序方式、叠加排序方式、交叉组合排序方式等不同排序方式，还包括时间排序法、人物排序法、事件排序法等，人物排序法还可以细分为姓名、出生年月、籍贯、成就等不同的元素。

（3）答案选择和反馈

图书馆智能咨询机器人接收到读者咨询的各种问题后，要从语料库中寻找到最优答案。智能机器人可以进一步向读者提问，从而对读者的问题不断细化，从而能够获得更加具体的信息。智能机器人根据语料库中的问题元素选择出最佳的答案，最终将最佳答案返回给读者，从而满足读者的需求。同时，建立答案反馈机制，对于智能机器人回答的读者的问题进行收集，将收集到的读者反馈信息自动添加到语料库，对语料库进行有效补充，建立最佳答案抽取模板，方便后续出现读者提出同样问题能够提供更加优化的语料元素，反馈机制对于系统建设的长远发展有重要意义。

（4）答案统计和储存

答案统计是指智能咨询机器人能够运用系统内的程序对读者提出的问题和系统回答的问题进行数据统计，对统计数据按照特定的分类标准进行分类归档。答案储存是指将经过分类统计的读者的问题和系统回答对的问题进行分类存档，形成读者存档资料库和系统回答问题资料库。这些存档的客户对于后续的语料库的应用具有重要作用，后续读者提出语料问题和系统回答语料问题过程中，系统可以快速调取存储的信息，能够大大节约系统对读者提出问题的解决时间，同时也能够起到节约语料库空间和优化语料库的作用。

（三）语料库建设

1. 语料库分类模型

语料库建设是智能咨询机器人服务效能的核心要素。语料库的建设主要分为问题语料库和答案语料库，主要遵循的原则是通用语料为主、本馆语料为辅以及特色语料为补的原则。对于觉得多数读者都会提出的问题和答案作为主要的语料元素，将能够体现本馆特色和本馆专业性的问题和答案作为辅助语料元素，将通用和特色以外的问题和答案作为补充语料元素。按照以上的原则，笔者将语料库分为一般通用语料库、图书馆专业通用语料库、本馆特色语料库、专业化语料库和读者个性化语料库。

一般通用语料库利用互联网上的通用百科知识资源能够建立。图书馆专业通用语料库是利用图书馆专业问题和答案资源建立，比如："中国最早的公共图书馆是什么图书馆？"这类问题，均在专业通用语料库中。本馆特色语料库是结合本地的特点建立的智能化咨询机器人问题和答案的语料库，包含本馆地址、本馆附近的交通、本馆的开放时间等问题和答案，均在本馆特色语料库中存储。若是图书馆属于高校，则可以根据高校专业设置专业化语料库，结合本馆的专业特点建立专业学科语料库，能够解答适合每个专业的图书信息以及该图书所在的图书馆位置，方便读者迅速查找。读者个性化语料库则是包含了各种读者发散性问题，系统设置了最优的解答和一些个性化解答方案，更加体现出智能咨询机器人时代发展和人工智能化发展。

2. 语料问题建议

图书馆智能机器人需要将读者咨询的问题进行分类和归类，然后系统再根据问题的内容和所属的类别进行计算机逻辑思维理解，对读者提出问题的内容和类别进行分类和整理是系统实现完美回答的决定性因素。因此，要为图书馆智能咨询机器人建立一个语料问题分类系统，该系统必须既实用又分类完整。该系统需要包含读者咨询的各种问题和各种分类元素，比如时间大类，需要包含世纪、年代、年度、月度等更精细的类别，还要包含各种不同的纪年方法，这样才能适应广泛的读者咨询的问题，产生最好的解决办法。

除了对语料问题进行分类，还需要对语料问题进行扩展，相同的问题和概念一般有很多不同的说法，比如"西红柿"和"番茄"、"马铃薯"和"土豆"等，不同的读者可能使用不同的词汇表达同一个问题，甚至有的问题可以有两个以上的表达方式，图书馆智能咨询机器人系统需要将不同的提问模式进行辨析，以你需要十分注意语料库问题建设中对语料问题的扩展，以便可以更好地回答读者多方面和多角度的问题，从而能使图书馆智能咨询机器人语料库更加丰富，满足读者需求。

语料问题经常需要进行一些个性化的分析与处理，语料问题的情感个性化分析是语料问题分析的重点。读者在咨询问题时往往会带有一些感情色彩，这种感情化的提问会影响图书馆智能咨询机器人回答答案的正确性，从而也会影响读者的图书馆服务体验。对于读者提出问题的褒义和贬义，智能机器人也需要有准确地判断，有助于更好地回答读者提出的问题，这是语料库设计时对于读者语料问题研究必须加强的一部分，否则不联系特定环境，读者得到的智能机器人的回答可能跟读者期望完全相反。语料库个性化设计中，除了要考虑用户的感情色彩，还需要对用户的地方个性化问题进行分析和处理，比如地方语言特点、地方习惯特点和地方少数名字读者特点等，不同地方的读者对同一个问题的表达方式也存在很多地方差异，因此，在设置语料库的时候需要考虑到地方差异，将具有不同地方差异的词汇添加到语料问题分析中，以便图书馆智能咨询机器人在回答读者问题时能够完全明白读者问题，做出读者满意的回答。

（四）机器人和馆员合作

智慧图书馆服务的新模式中，智能机器人取代了人类的很多工作，就如同机器革命曾经让大量的产业工人失业一样，如今，信息革命也正在带来脑力劳动者的转型，智慧图书馆也正在进行服务转型。总体而言，科技革命带来的产业转型一方面会代替很多传统职业，另外也是很多新职业的开端，使得各类服务业规模越来越大。在利用智能技术和产品的过程中，图书馆的基本职能以及图书馆员的基本工作职责都不会改变，变化的只是服务的方式和手段，这种工作模式的变化必须依赖于技术的发展、思路的调整和相关人才的培养，缺一不可，否则都不能支撑起智慧图书馆的建设。图书馆机器人技术涉及多个学科，图书盘点机器人的研究与开发应用、专业语料库的建设、图书馆机器人服务研究等都需要具备一定技术能力的图书馆员参与。为了能够使图书馆机器人更加成熟发展，更贴近图书馆员，更广泛应用于图书馆的真实场景，图书馆需要培养一批具有机器人相关技术的人才，从而能够更加拓宽机器人服务水平，使图书馆机器人能够更加适应图书馆环境，更加贴合于读者的需求。

建立机器人馆员和现实馆员平衡的工作关系，既要重点建设机器人馆员的工作模式，也不能放松对现实馆员积极性的培养，需要保证机器人馆员和现实馆员之间的良好协作关系。机器人具有超强的记忆能力，不知疲倦的"体力"和光一般的计算速度，这些都是现实图书馆员远远不及的特性。因此，对于一些重复性的机械劳动或者不需要天赋，经过训练就可以掌握的工作，都可以交给机器人馆员完成。对于需要"情商"才能完成的工作，比如需要面对面协商能力、社交能力、交流能力，或者需要创意和审美能力的工作，以及需要对他人真心实意地关切、帮助和慰问等，机器人就不能完成了。总体而言，图书馆机器人馆员更加适合数字图书馆服务工作，而现实馆员更加适合于需要人性化的实体图书馆的传统服务。

第三节　基于情景感知的智慧图书馆服务模式

一、相关基本概念

（一）情景感知技术的相关概念

情景（境）感知源于普适计算的研究，最早在 1994 年由 Schilit 提出，他把情景感知应用程序描述为四个类别：邻近选择、自动情景配置、情景信息和命令、情景触发操作。经过多年发展，情景感知已从某种概念发展为一种算法与技术集群。王苑等人认为，情景感知的过程就是通过传感器的数据采集，识别用户的信息和所处的环境，分析用户的情景信息，并根据需要提供适当的有针对性的业务服务，情景信息的感知和获取在于多种传感器的数据采集，包括动态、温度湿度、光学等传感器，以及通过物联网技术的其他采集终端包括智能移动设备、RFID（射频识别）、红外感应器、Bluetooth（蓝牙）、GPS（全球定位系统）等。最后将获取的情景信息通过大数据分析、云计算等技术处理获得需要的信息，利用信息达到定制化服务效果。

情景感知是一种技术含量较高、较为先进的一种技术，依赖于人工智能，高科技电子设备，目前处在快速发展的阶段，有着广阔的应用空间。技术发展的初衷是为了利用技术提供更好的服务，情景感知也不例外，在国外，情景感知服务的理论研究主要集中于情景获取、建模和系统框架、情景感知应用、感知推荐系统等方面，在电子商务、新闻传媒、影音推荐、图书馆服务等领域都已得到深入发展。例如 Apple Watch（苹果手表）智能手表可以实时感知佩戴者的当前运动状态、位置、实时 / 静息心率等，根据情景信息向佩戴者推送相关信息；也比如在图书馆服务领域，通过多感知设备、红外探头等实时监控、采集读者的情景信息，这种多触点的数据采集，就像为图书馆模拟了一层敏锐的、实时感应的皮肤，可以对图书馆的场景管控、安全预警等工作方面实现预见性的调控，实现监控和管理一体化的智慧图书馆感知服务。

（二）智慧图书馆情景感知服务的实现形式

情景感知应用于智慧图书馆，对图书馆智慧服务的打造起到了积极的作用，其技术优势体现在情景感知凭借自身一体化技术集群、泛在化感知设备、打造出个性化、自主化、融合化特点的感知服务，情景感知在智慧图书馆应用的技术优势通过不间断的情景信息传达过程、摆脱独立的技术分布、感知数据的融合处理等方式作用于馆员与读者，弥补了当前智慧图书馆建设研究现象存在的理论化、表面化、独立化等不足之处。

1. 一体化技术集群

情景感知是一种由简单到复杂关联多种感知设备所构成的技术集群，应用于智慧图书馆的基础技术比如 RFID、蓝牙技术、智能感应器、红外摄像等感知元件构成整个馆舍的感知网络，可以使读者获取音视频，系统也可获取读者动态信息等元数据，以感知元件为基础配置的更高级的智能设备比如虚拟现实设备，智能感知机器人馆员完成了信息的处理，服务的提供等，由基础到高级递进，感知技术各个元件与设备和读者馆员之间共通感知，共享信息，构成了情景感知一体化技术集群，避免了技术应用互不关联，各自独立的问题。

2. 泛在化感知分布

泛在化即"无时无刻不在"，对情景感知技术来说，最能体现泛在化特点之处便是通过合理布局感知设备，情景信息采集 24 小时续航，感知功能便可实现区域全覆盖，时间全覆盖，由泛在化的感知设备分布达到泛在化感知服务的效果，更可以利用感知泛在化的特点打造更加深入的感知服务，如图书馆读者与智能移动设备之间的情景感知泛在化服务、智慧图书馆无处不在的环境感知识别与空间情景再造等。

3. 融合化服务手段

一体化、泛在化感知设备所构成的情景感知服务，势必显现情景融合的特性，以智慧图书馆为例，一方面感知设备实现馆内全天候、全范围覆盖，用户与图书馆资源情景信息随时捕捉，为感知服务获取海量动态数据；另一方面感知设备互通互联，共同获取和处理情景信息，因此每层服务之间都不会独立存在，在情景信息层面互联共享，在服务手段方面互为依托。

二、智慧图书馆情景感知服务的构建原则

（一）技术与服务并重的原则

打造基于情景感知的智慧图书馆服务，技术和服务间的融合与协作是关键：①服务创新是否由技术被动转化为技术驱动。技术是服务创新的源泉，但若智慧图书馆囿于技术堆砌，不仅体现不出智慧图书馆的内涵，反而会使相关研究被技术的新颖性与科技感所吸引，从而使图书馆的一些价值与职能沦为"低位"，甚至逐渐淡出人们的视线。智慧图书馆对技术的态度不同于智能图书馆：智慧图书馆将技术从需要耗费资源去"招待"的"客"的地位转化成为驱动图书馆服务创新、为图书馆职能深化提供全新灵感与支持的"主"的地位。即情景感知技术构建首先立足于图书馆的基本职能，以技术视角驱动图书馆职能的深入开发与研究，然后在此基础上着手构建实现职能的技术手段，将技术应用与服务创新完美融合，同步建设。服务获取是否由用户按需性主动变为图书馆技术性主动。智慧图书馆建设所要提升的能力之一便是更好地感知、挖掘、把握用户的需求，智慧图书馆将其服务及功能通过情景感知技术主动施加于用户，主动提升用户与图书馆互动的频次和深度，改进以往用户按需临时寻求服务的状态，这并不代表着用户被动接受服务，而是智慧图书馆利用情景感知技术感知并分析用户所需，并将服务提前提供给用户，从而激发用户的服务需求，提升用户对智慧图书馆的依赖与认同，体现出智慧服务的内涵，正如上海图书馆刘炜在 2017 全国师范院校图书馆联盟会议的发言中认为的："从技术的角度看，智慧图书馆提供的任何一项服务，如果能够自动提供并且完全满足读者的需求，读者无需分辨是人还是机器提供的，就是智慧服务"。

（二）人文与智能共存的原则

图书馆内智能技术的应用，为用户及馆员带来了极大的便利，依靠智能

技术可以完成以往人工很难或者不能完成的大量工作，比如智能盘点比人工盘点更加高效，用户数据感知获取比人工调研获取更加精确。便利性使得读者及馆员或多或少产生技术依赖性，技术的使用率大大提升，但同时一些人文服务因为技术过于便利而淡化，例如咨询服务由馆员亲力亲为转化为依靠数据分析获取；图书馆引导服务由馆员带领讲解变为机器人问答；入馆教育由开办讲座换为足不出户的网络模拟；等等。但是我们需要注意与区分的是，人文服务与智能服务并非对立项，图书馆的馆员可被技术取代，同时又可以被技术赋能；馆员的人文服务可以利用技术变得更加智能化；同样，依托技术的智能服务也可以通过专业馆员的操作变得更加人文，依靠AI（人工智能）技术的机器人馆员甚至可以提供人工无法提供的服务，有时比人工更"人文"，成为馆员能力的延伸。遵守人文与智能共存的原则，必须摒弃"情景感知＝感知技术堆砌"的观念，摆脱当前技术研究理论化、表面化、独立化的现象，打造内涵充实，体验人性化，用户满意的情景感知服务模式。

（三）开放与保密并行的原则

随着感知技术对用户行为数据的深入挖掘，图书馆获取了大量可利用的用户信息，一方面为图书馆推行精确化感知服务提供数据支撑，另一方面也使得图书馆信息保密工作压力倍增，甚至一些弊端在数据获取与服务提供过程中逐渐暴露。图书馆需要获取海量读者信息，甚至隐私信息来提供更加精准高效的感知服务，在获取过程中可能会涉及隐私权，并且部分图书馆由于自身原因不能保证信息存取规范从而威胁到信息安全：一是由于个别馆员素质问题导致缺乏对信息安全的正确认识，二是存在一定的技术门槛，三是较为陈旧的管理模式缺乏有效监管。感知服务所获取的读者数据与信息在某种程度上来说仍然属于读者私人信息，智慧图书馆建设如火如荼，如何更加开放获取读者信息的同时保护读者隐私，是情景感知服务构建的重要责任。情景感知服务获取读者信息需要依靠开放与保密并行的三种主要途径：①完全开放获取，比如读者的姓名、性别、读者卡号、入馆记录、借阅记录等，这些信息通过读者刷卡进入图书馆自动获取；②部分开放获取，比如读者的实时位置、服务使用日志、个人行为等，这些数据由图书馆的感知技术获取，即使读者未授权，图书馆考虑到感知服务质量以及馆内安全，通过传感器等自动获取，并设置条例；读者入馆即默认同意图书馆获取该信息；③授权获取，这类信息涉及读者的隐私信息，图书馆获取该信息必须得到读者的授权，比如读者关联第三方账号的数据及记录，读者的个人通讯录，读者智能设备的应用读取等，读者未授权则图书馆不能获取，同时未授权的读者则无法获得相应服务。图书馆遵循原则的同时签订信息安全保证书，即未经读者允许不得与其他单位共享，并且图书馆需要强化馆员纪律，提高安全意识，升级安全设备，优化管理模式，从多方面保证履行开放与保密并行的原则。

三、基于情景感知的智慧图书馆服务模式构建

（一）情景感知一体化服务模式

1. 一体化设施服务

物联，即"物物相连"，因为智能技术的广泛应用，物联网以及大数据在图书馆中有所作为已是必然趋势，充分利用物联的概念将智慧图书馆设施进行一体化构建，通过感知技术实现互联构成情景感知一体化设施服务。

第一，资源设施一体化。感知服务中的馆藏文献资源、电子数据库资源以及阅览室、机房的设施之间通过情景感知做到藏、借、阅、咨一体化互联，构建一站式服务平台，打破传统资源服务模式中服务功能单独工作、按部门和文献类别划分读者的弊端。例如通过优化阅览室书架，为书架添加感知设备，解决困扰馆员与读者的图书乱架行为，这些感知设备还可以做到实体书目与数据库电子资源互联，以及与取走该图书的读者互联。

第二，终端设施一体化。图书馆内的借阅终端、媒体终端以及读者的电脑、手机等智能设备之间的一体化互联构成一个高效网络，具有操作互通、资源泛在、感知便利的特点，例如通过多开账号登录座位预约系统或者个人感知智能卡识别，既可以在手机上进行预约，又可以在图书馆预约终端机上进行打卡等操作。读者将个人设备与图书馆设备一体互联不仅可以在装有感知识别和感知系统的阅读机上阅览文献、报纸、期刊，设置无操作间隔和离线时间后设备如感知到读者离开还可以记录阅读状态，将文献自动下载至个人移动设备上继续阅读。

第三，安全设施一体化。图书馆是一个人员流动频繁的场所，提供馆内安全服务对于一体化感知服务建设来说十分重要，馆舍内的各个安全传感器控件，例如烟雾报警系统、智能隔热板、安全疏散通道智能指示路径、读者位置感知等做到协同一体化工作，如果读者无意识倒在角落，位置感知系统会收集读者的位置、体温、动作等状态，若检测到读者无动作卧躺在地板上超过一定时间就会自动发送警报提示馆员。

2. 一体化知识服务

传统图书馆注重保存与丰富馆藏资源，读者则被放于次要位置，在"感知技术＋泛信息化"的作用下图书馆最醒目的变化便是文献数量激增、获取渠道多元；智能技术的加入使文献载体多样化，信息检索更要求高效率，这要求智慧图书馆不仅需要保存和丰富馆藏资源，还需要将功能优化为藏与用快捷一体、便于读者获取的一体化知识服务。

一体化知识服务需要经历"馆藏情景标签—借阅信息挖掘—知识感知导航"三个步骤，首先实现纸质与数字资源一体化。通过微缩摄影、数据挖掘等技术，将馆内纸质资源数字化，将图书馆相关网络资源镜像化，并通过RFID、i Beacon 等技术，添加磁条或二维码将数字化资源与纸质资源关联，我们可以称之为情景标签，通过情景标签初步实现图书馆内馆藏及数字资源的一体化构建。进一步将其转化为一体化知识，使馆藏资源高效地被读者所获取、吸收。需要为读者设计知识导航感知模块，导航模块的功能是通过数据挖掘与分析技术在海量数据中快速找到读者需要的信息，为读者找到通往知识的最佳路径，节省读者时间。读者利用一体化终端设备登录个人账户，设备感知获取读者借阅意向与知识需求，分析阅读习惯与爱好为读者生成最优知识路径。例如以下应用场景：为阅览室实体书目添加情景标签，读者登录终端或感知服务系统获取读者借阅需求并进行导航，通过 RFID 等感知设备轻易获取书目信息以及读者借阅信息，上传至数据库对照相应的电子资源为读者自动生成电子资源缓存，即自动下载至个人设备中，借阅纸质文献自动获取电子版，且无需加载，这样在离开图书馆局域网范围也可以利用缓存进行阅览。通过以上步骤为读者打造情景感知一体化知识服务，使读者由"会学习"转为"慧学习"，实现知识获取专业化与智能化。

3. 一体化管理服务

一体化管理的优势在于利用感知技术实现管理互通，打破各部门之间各自为政的隔阂状态，作为情景感知服务体系的特色管理方针，不仅有助于图书馆内部管理，同时也是情景感知系统管理的理念，是情景感知一体化服务开展的保障。一体化管理首先体现在智慧图书馆管理部门的变革，情景感知作为一个完整的系统，贯穿于采购、咨询、技术、资源等诸多其他管理部门的职能，使得依托一体化管理对原有职能部门进行优化整合具有一定的可行性。情景感知一体化管理部门的整合与设立，设置独立的情景感知管理岗位或部门有两种途径，一种是部门抽调式设立：智慧图书馆中设施、资源等依托物联网和感知技术实现了一体化，各个职能部门也具有互通互联的能力，并且情景感知系统在各部门都有一定的应用，各部门设置有专门的岗位与馆员负责情景感知服务事宜，抽调部门里负责情景感知技术与服务事宜的专业馆员组成情景感知一体化管理小组，例如技术部负责感知设备及感知网络构建的馆员；咨询部负责数据挖掘与感知数据分析的馆员。该途径适合图书馆馆员规模一般，甚至出现馆员身兼多职的情况；另一种则是设置新的感知管理部门，重新招聘或培训专业馆员。设置一体化管理职能最直观的优点体现在政策实施的高效率，一体化管理小组成员成为各部门进行政策互通的纽带；最根本的效益体现在各部门具有联动性，例如阅览室图书出现损坏，当情景标签被读取时感知系统即可以及时发现并上传至一体化管理网络，阅览室馆员收到指令对图书进行检查，采编部收到指令对读书进行采编，资源部门收到指令对数据库中该图书馆的资源进行更新替换，整个流程同步进行，简洁明确。一体化管理还可以体现在安全事件、服务事件等多种已存或突发事件中，通过一体化管理部门各司其职又互通互联，实现工作效率最大化。

（二）情景感知自主化服务模式

1. 服务中心自助化

传统的服务中心一般设置于图书馆入口处，配有若干服务人员，为读者提供引导、答疑服务，这种人工式的服务中心已不能全面满足智慧图书馆以及读者对新式服务中心的要求，配备感知化智能设备的智慧图书馆势必要将服务中心进行升级，通过自助的模式满足读者服务需求，同时也提升馆员工作效率。胡海燕等人提议智慧图书馆应根据实际情况进行创新服务内容建设，比如打造自助服务中心，也可以设置醒目的"自助服务中心"主网站，添加新手专区、常用工具等模块，这种方式体现了服务中心自助化建设的初步框架，是对智慧图书馆服务创新的一个大胆尝试。但笔者认为不能仅仅局限于网站式的自助中心，情景感知自主化服务应该是易获取、全天候、泛在化的，对于情景感知自助化服务中心来说，需要门户式、一站式的网络自助服务中心，但不能舍弃场景化、人工化的服务台，更需要打造智能化、设备一体化的智能服务中心，因此充分借鉴相关研究的优点并思考不足，对实现服务中心自助化进行构建。首先需要打造自助化服务大厅，将智能终端引入并分区设置，例如：自助在线阅览区、自助书籍借还区，F&Q 自助问答区、自助检索专区、休息区等；其次在自助化服务中心嵌入人工服务台，不可否认智能设备并不能解决所有读者的需求，例如：有突发情况，仍然需要有人工服务在场；最后，将网络空间与自助服务中心相连接，打造自助云服务台，突破时空限制，做到线上线下一体化服务。

2. 读者行为自主化

情景感知自主化服务功能的面向对象是读者，读者是否有自主化服务意识是服务开展的关键，培养读者的自主行为意识，对提升读者的服务获取效率与知识获取意识都有很大的帮助。图书馆读者服务获取的自主行为发展经历了三个阶段：①读者被动获取阶段，体现在传统图书馆中，读者到图书馆的目的单一，不乐于接受额外服务；②读者按需性主动获取阶段，体现在数字图书馆以及智慧图书馆打造初期，智能化设备已有规模，读者对新事物有一定的好奇心，对新技术、新服务有一定的尝试想法，初步表达了读者的自主化行为，但是图书馆的自主化服务程度较低，不能及时通过感知服务与读者需求相对接；③读者行为自主化阶段，在感知化智慧服务构建完善后，读者对感知化服务已经较为熟悉，读者服务获取行为已经不限于按需获取，更重要的是体验至上，因为智慧图书馆所提供的服务不仅能满足读者的阅读等服务需求，更可以满足读者的各方面扩展需求。除此之外，服务提供也转变为图书馆技术性主动，智慧图书馆感知服务需要挖掘和把握读者需求，主动提升读者与图书馆互动的频次和深度，感知技术积极识别读者对服务的主动获取行为，也是区别按需获取的标志。

3. 学科馆员智慧化

学科化、智慧化的新一代馆员是情景感知自主化服务的支撑，首先体现在图书馆的智慧服务升级过程中需要有相应能力的馆员参与，在服务提供过程中，智慧化学科馆员对自主化感知服务进行运作管理；其次，读者的自主化行为培育与引导依靠的是有相关经验的学科馆员，例如对读者进行感知体验的培训、利用 VR 技术对新生进行入馆教育、引导读者培养自主化服务意识等，需要馆员对相应技术和培训方法了如指掌。因此在整个感知服务建设以及运作过程中，传统的图书馆馆员的学科能力以及工作方法已经无法满足智能化技术化的感知服务工作，需要培育新一代学科馆员，使智慧服务的概念深入学科馆员的日常工作中。通过招聘专业学科馆员、培训研究馆员、创新馆员工作方法等途径更新智慧图书馆的馆员资源，使其成为构建情景感知自主化服务的中坚力量，智慧化学科馆员可以对自助化服务中心进行运营维护，依靠自身过硬技术支撑服务中心的软硬件运营、正确引导读者进行自助服务；还可以发挥自身学术能力，开展读者自主动机研究；再者自主行为培训等离不开智慧学科馆员，智慧学科馆员成为自助服务中心与读者之间相关联的纽带。

第四节　基于智慧推荐的智慧图书馆服务模式

一、推荐系统相关概述

（一）推荐系统概念

推荐系统最早能够追溯到认知科学、预测理论、信息检索、近似理论、管理科学和市场下客户选择模型等。传统推荐系统的定义为获取用户兴趣，分析用户商品信息，依据相应推荐算法，利用信息技术，为用户产生推荐。刘鲁等认为，推荐系统是一种双向的信息传递，不仅局限于为用户传递单向的信息，而且能够帮助企业寻找最有潜力最有价值的客户。Adomavicius 等则从形式上定义了推荐系统，具有重要参考价值：用 C 代表所有的用户的集合；S 表示可能被推荐的所有项目集合（如新闻、图书、歌曲等）；u 代表一个效用函数，用来度量被推荐的项目；s 对于用户 c 的可用性，如 u：C×S → R；R 表示一个全序集合。那么，对于每个用户，c ∈ C，要找到能够让用户的效用函数 u 最大的项目 s' ∈ S，即：

$$Vc \in C, S'_c = \arg\max u(c,s) s \in S$$

简单而言，图书馆推荐系统是指能按照读者用户的定制要求提供服务，同时也能通过收集读者用户显性或隐性信息，主动分析和挖掘读者用户行为需求，动态追踪其变化的兴趣，从而预测读者用户偏好，向读者用户推荐其所需知识信息资源。

（二）推荐系统算法分类

推荐系统在不同领域按不同的角度和标准有不同的分类，在以往的学术文献资料中，大多是从推荐系统的技术或者算法上进行分类。目前，国内外主流的推荐系统技术有 3 类：基于内容推荐系统、基于协同过滤推荐的推荐系统及混合推荐系统。基于内容的推荐系统，主要依靠项目自身内容属性做出推荐；基于协同过滤的推荐，不依赖于内容，而是依据分析项目或者读者用户之间的相似性做出推荐；混合推荐系统则是为了各取彼之所长，避免此之所短，综合了前两种技术，以解决新用户、冷启动等问题。从推荐技术的使用领域和使用到的数据挖掘技术角度给出了推荐系统技术框架分类如下：①数据挖掘技术，包括有聚类、管理、决策水、KNN、链路分析、神经网络、回归、启发式方法等。②应用领域，包括有电子商务、图书馆、新闻、音乐、旅游、电影等等领域。

近几年，随着技术的发展和研究的深入，涌现出了许多新的算法和技术来支持和完善推荐系统，包括基于社会网络技术推荐，基于语境感知技术推荐，基于人口统计信息推荐，基于心理推荐，基于大数据技术推荐等。以下简单介绍几种常用算法。

第一，基于内容的推荐算法。这种推荐主要依据的是项目或物品内容特性进行推荐，系统给用户推荐的项目，与其之前所偏好的项目，在内容具上有最高相似性。这种推荐算法需两种信息，包括用户历史偏好数据和项目内容属性数据，其关键在于建立项目模型和建立用户偏好模型，然后计算他们之间相似度，这种推荐不需要大量的用户打分等历史信息数据，对单个的用户就能够生成推荐结果的列表。

第二，基于用户统计信息推荐算法。人口统计数据通常包含读者用户的国籍、民族、年龄、性别、学历、职业、收入、工作、地址等基本信息。该算法通常采用交互式对话收集用户信息，依据用户特征差别，利用用户信息属性对其进行分类，发现用户之间的相关程度，对类中用户进行相似性计算，而后生成用户"最近邻居"群，为既定用户做出推荐。这种推荐技术与基于用户协同推荐技术有些类似，都是依赖于计算用户之间相似性，虽然基于用户统计信息其推荐算法的准确率并不是很高，但其优势在于，不依赖用户的过去数据，不存在系统的冷启动问题，而且还不依赖于物品项目的内容特征。

第三，基于知识的推荐算法。基于知识推荐算法中，语义本体得到了广泛的实践，可用于描述产品、用户概要和领域知识等信息。这种算法，能够在语义互联环境中，获得用户和物品项目知识，经过语义匹配、知识推理等，推断产品能否满足用户的显性或隐性需求，并能分析系统的具体特定环境做出具体的推荐，必要时，通过结合传统推荐算法，产生推荐结果。这一推荐算法具有特定文献满足特定需求的信息，涉及较为复杂的用户交互以确定其偏好和需求，而不依赖于描述用户历史数据，能够一定程度的缓解系统冷启动方面的不足。此外，基于知识的推荐算法，能够及时察觉用户喜好的变化并做出反应，快速响应读者用户实际时性需求，无须训练。

第四，基于关联规则推荐算法。关联规则不仅可以有效地进行数据挖掘，还能够进行机器学习，从海量数据中挖掘出有价值的知识和信息，来描述数据的相关性，通过分析用户数据，生成关联规则，基于关联规则，建立模型，然后根据用户行为和推荐模型完成用户推荐。关联规则推荐其建立模型是离线进行的，更好地保障了推荐算法的实时性，通过把已获取的图书信息作为规则体系进行推荐，其中，书籍和文献名称的相似同义性是该算法所面临的最困难问题之一。

第五，基于情景推荐算法。在推荐系统中引入情景感知技术，既是一种手段，也是一个理念，兼具了个性化和普适化计算的两大优势。情景不仅包含了环境自身，也囊括了环境中所有实体或明示或暗示的，可以用来表述其状态的所有信息。实体可以是实物实体，如人、地点等，也可以是虚拟实体，如网络、软件、程序等。用户情景因素是情景感知推荐的核心，通过对情景包括位置、时间、需求等因素进行分析，依据特定情景和信息资源探索用户变化的兴趣。系统通过结合图书馆与用户的空间，能够对用户实时情境进行自动感知，判断用户行为，及时调整服务，动态化满足用户的动态需求。这种推荐算法除考虑用户—项目二元关系之外，还融入用户所包含的情景因素，进行多维度推荐，计算信息资源情景与用户当前情景相似性，进行匹配服务，更好地满足特定用户在特定环境下的特定需求。

二、基于智慧推荐的智慧图书馆服务模式研究

充分利用最新个性化技术手段，分析用户需求，整合相关数据资源，为用户提供智慧服务，转变图书馆和用户之间的交互方式，同时协同平台智慧推荐服务，为读者提供高效率、高时效、精确化的个性化知识服务，是实现

智慧图书馆服务的重要手段。智慧推荐能够为用户提供量身定制的智慧性服务，充分体现了智慧服务的"智慧化"和"个性化"。

（一）智慧检索

1. 智慧检索流程

智慧检索是智慧推荐的前提和基础。检索是用户获得信息的第一步，图书馆智慧检索旨在使读者更快速、准确、高效、有序地检索到所需信息。相对于传统检索，智慧检索一方面能够记录和分析用户的检索行为，从中识别出用户明确的或者潜在的需求偏好，为用户呈现最具相关性的检索结果；另一方面，能够通过用户对检索结果的反馈或评价，自动校正检索策略，使用户获得最贴近需求的资源信息，在检索上提升用户的智慧化体验。传统信息检索是基于关键字或者基于相似性的检索，智慧检索的基本理念是为了实现既定用户的既定需求。智慧检索在传统检索的基础上，为用户智能的过滤掉一部分对于用户可能无效的信息，帮助用户更加快速精准地定位自己所需资源信息。不是每个用户每次访问图书馆网站都会登录读者服务，大多用户只是试图快速检索到他们所需要的图书。因此，许多用户通常都会倾向于最为省时省力的行为和方式来达到他们的检索目的。通过智慧检索，能够使检索结果更具针对性，同时包含直接指向最终结果页面的链接，因此不仅能帮助用户避免图书查询的盲目性，缩短查询书籍的时间，降低检索难度，同时还能提高用户检索效率，提升图书检索结果的准确性和可靠性。

智慧检索流程如下：用户检索→用户特征抽取、日志资料库、日志数据预处理→智慧过滤→生成检索方案→检索推荐→完成检索。

2. 智慧检索模型设计

用户行为信息中存在着很多有价值或者潜在价值的知识和规则。智慧检索服务能够通过对用户检索行为及隐含关联行为的分析，采用数据挖掘、关联规则等技术，在相关详细信息页面相应位置，向没有登录的大众化用户提供推荐服务，推荐与其检索或浏览的图书相同、相似或相关书籍，以帮助用户更快捷、更准确地找到需要的图书，从而减少查询图书的盲目性，降低图书检索的难度。智慧检索的本质是一类非个性推荐，是数据挖掘分析技术在信息资源检索处理中的一项实际应用，属于一种对网络中信息资源的分析挖掘活动。目前，OPAC 联机公共检索目录，是图书馆检索图书馆藏资源的主要网络入口，是用户与图书馆进行书籍查询与浏览最重要的平台与窗口，读者用户对图书馆各种图书文献资源的利用离不开 OPAC 系统，其功能的设计与实现，对图书馆的服务质量与资料利用起到最为直接的影响。因此，智慧检索技术的发展，在相当程度上依赖于 OPAC 系统。用户通过 OPAC 搜索引擎检索图书馆资源信息，在图书馆网站后台能够形成用户查询日志信息，用以描述用户的检索行为。智慧检索系统可以构造用户行为模型，在查询并分析用户行为日志的基础上，挖掘用户检索行为的潜在信息，然后预测用户可能访问或者偏好的检索结果，智能地选择、推荐与用户兴趣或行为相接近的信息资源。智慧检索服务通过把用户检索与检索结果相关联，对检索结果进行行为的隐性知识显性化处理，向用户推荐隐藏图书，能够让用户在检索时提高精准度，同时感到新颖和多样，这样充满知识相关度或相似性智慧检索，会对用户产生更大诱惑力。

（二）智慧推荐

1. 智慧推荐模型

智慧检索是为用户提供智慧化服务的第一步，主要服务于一般大众用户，属于一种粗略的精细。智慧推荐类似于搜索引擎为代表的信息检索系统，但更强调个性化、多样化和新颖化的推荐结果。搜索是你明确地知道自己要查找的内容，但信息过载下搜索已经无法解决问题。推荐系统则是一个"推"和"拉"的互动，即向用户推荐信息资源，同时向用户提供和展示信息资源，帮助他们选择信息。和智慧搜索引擎将搜索结果在一定过滤基础上进行简单的罗列相比，智慧推荐则能够研究读者用户行为偏好，建立用户模型，发现用户兴趣点，从而满足用户信息资源索取多样化新需求，提升图书馆图书文献资源利用率，增强对知识信息的智能处理能力。智慧推荐系统以融合数字信息资源向读者服务为核心，其主要任务是链接用户与信息，由查询的被动到推荐的主动，具有人性化、个性化及社交化的特点，帮助用户找到有价值信息，还可以让潜在的有价值信息呈现在用户面前，以实现知识生产者与知识消费者共赢。此外，一个优质的智慧推荐系统，一方面能够向用户产生智慧化推荐，另一方面，能和用户构建紧密地联系，使用户对智慧推荐形成依赖。

智慧推荐的本质是能够针对不同读者用户的个体差异性，主动为读者用户提供不一样的、量身打造的信息资源服务内容。主动性的实质是智慧推荐能够自动地依据读者用户的知识需求为其匹配适合的服务内容。智慧图书馆的智慧推荐应该有个性化定制与推送、粗略智慧推荐和精细智慧推荐服务三种服务方式。

第一，能够在页面设置单独模块，为读者用户展示推荐信息。推荐内容包括新书到馆、借阅排行、热门馆藏、讲座活动等信息，为所有读者用户提供半个性化的展示推荐服务。第二，在读者用户利用 OPAC 系统进行书籍或检索服务时，能够有针对性的依据用户之前的借阅信息和所检索文献信息以及文献信息之间进行关联，为用户进行粗略简单推荐，并提供推荐书籍和文献的阅读详细信息及链接，有针对性地提供推荐服务。第三，读者用户登录系统时，具有单独推荐系统，为读者用户提供近乎量身定制的智慧推荐服务，从而能够满足不同用户不同层次多样性的需求。通过收集和分析用户的各种信息包括显性和隐性信息，用户个体特征信息，用户借阅历史，检索信息资源的记录，获取并分析用户的兴趣，预测用户偏好，从而为不同的用户，能够提供差异化服务，帮助用户缓解资源丰富信息匮乏的局面，在提高推荐系统精准高度的同时，拓宽推荐解决的宽度，开阔用户视野，推荐给用户很可能喜欢但是并不是很了解的知识信息。智慧推荐的结果兼具精确性、惊喜性、多样化，真正体现智慧的内涵。

2. 智慧推荐技术架构

智慧检索的推荐功能是面向大众用户或者特定用户，而不是针对某一用户的兴趣爱好、借阅历史等，推荐对象是所有检索使用者，而不是特定用户。因此有其自身的局限性，而智慧推荐则是以每个用户为核心，为每个用户提供智慧化、智能化的服务。传统的推荐系统，其推荐效果并不是很好，也存在诸多问题。智慧推荐的基本要素主要包括读者用户、项目及推荐算法，而其核心是推荐算法。智慧推荐系统就是利用各种推荐算法，挖掘用户有兴趣或者可能有兴趣的图书信息资源，之后推荐并展示给用户。智慧推荐则在传统推荐基础上，更加细致、更加精准地考虑了读者用户各种特征，尤其是大数据、云计算的到来及数据分析与挖掘技术的深入发展，使得智慧推荐能够挖掘到用户更多更细腻隐性的信息，推荐的结果更加的精准，更加的多样，层次更加广泛，更加体验以读者为核心的智慧化服务。在书籍推荐服务基础上，探讨智慧推荐实现模式，构建图书馆智慧化推荐体系。与图书推荐服务相比，智慧推荐实现的是一种按需和主动的信息智能获取模式，以用户的行为特征和兴趣属性为指导，建立从用户兴趣知识到服务信息的分类，针对读者用户量身定制的推荐技术，尽最大限度地满足读者用户个性化、多样化的信息智能获取。同时在研究现有文献自动分类机制基础上，探讨通过自动化数据收集和分析，感知用户位置、情境，以及用户意图，同时社交网络、移动互联网与图书馆推荐服务与知识智能获取相融合，以提高读者用户对智慧推荐的黏着性，实现真正的智慧推荐服务。

大数据、云计算时代背景下，图书馆中愈加充斥着各种各样的非结构化、半结构化及结构化等数据。智慧图书馆时代，所有读者个人及其借阅信息、所有书本信息、数字资源等信息数据是复杂海量的，同时也受到用户地理位置信息、感知传输数据信息及社会化网络信息等相关数据的影响，信息资源呈现出空前丰富的状态。智慧推荐系统需要借助于数据挖掘、云存储、云计算等大数据处理技术，利用各种技术从大规模数据提取并分析数据内在特征和文献的相关性，同时根据用户兴趣及需求，或用户个人借阅历史、阅读习惯等分析读者用户行为，并主动地提供其真正所需的知识服务，将潜在的有价值的信息进行分析提取归纳，然后才能向用户进行信息匹配。云存储和云计算技术，能够解决大数据环境下无限制数据存储和数据高效运行计算的难题，通过技术处理及构建模型，从而能够提供更加优质、更加智能、更具智慧性的推荐结果，为读者用户提供近乎量身打造的智慧性推荐。

（三）智慧 App

1. 智慧 App 服务设计

智慧图书馆其核心为智慧服务，而智慧服务的核心为以人为本，以用户为主体，服务用户，关怀用户，奉献用户。移动互联技术在近年得到飞速成长和发展，移动通信网络逐渐与互联网紧密融合，极大地拓展了互联网服务的时间和空间。同时，移动互联与移动设备的移动性、便携性等特征使得智能移动终端设备日益普及，智能移动终端设备包括手机、平板电脑、掌上阅读器等渐渐成为人们获取信息资源服务的主要平台。移动终端设备不受时间、地点等限制，这使为读者用户提供无处不在的服务成为可能，读者用户能够随时、随地以任何方式获取信息资源。因此以移动终端设备为主体的移动图书馆，开发图书馆的独立 App 是大势所趋。

智慧 App 推荐是泛指在服务——无处不在的服务，是智慧图书馆提供服务的突出特征之一，是指以智能移动终端设备为基础，为读者用户提供任何时间、任何地点和量身定制的服务。智慧图书馆的环境下，应该打破时间和空间限制，为用户提供全方位、多层次、多形式、宽领域的信息资源获取、推送与推荐服务。泛在智慧服务模式是依靠云计算、智能移动终端、物联网等信息技术，实现传统图书馆和数字图书馆由为读者用户提供单向服务向为读者用户提供双向智慧服务网络的泛在服务转型。为此，研究和开发独立智慧 App 服务，是智慧服务模式泛在化的表现。

2. 智慧 App 层次架构

该推荐系统能够利用其在移动网络环境下的种种优势及有利条件，通过移动端设备等为用户提供基于情景等推送，更加精准、更加容易地获取用户的信息，预测用户的偏好，实时性更高，用户可以随时随地享受智慧图书馆提供的各项资源和服务。通过开发智慧 App，利用移动推荐系统，用户就可以随时随地获得任何形式的服务，同时获得为其量身定制的，具有个体差异化的智慧化服务，服务更加的方便智能，更加的简洁而迅速，使得智慧图书馆拓宽了服务的领域和手段，更加的以用户为核心，为用户服务。各图书馆都应该有自己的智慧 App，通过智慧 App，用户能够登录系统，完成书籍查找、借还书、预约、续借等基本的服务，同时也能够为用户提供书籍检索、热门借阅、借阅排行、热门收藏等非个性化一般性服务，也能够为每一位用户根据其自身的特点，利用智慧移动推荐，根据其隐性或者显性信息，帮助用户寻找信息资源，提供差异化服务。

面向智能移动设备终端的智慧 App 层次架构如下：① App 效用评价层，包括实时性、多样性、精确性、可视化等等。② App 推荐生成层，包括移动协同过滤、基于内容的移动推荐、移动上下文推荐、移动社会化推荐等等。③数据预处理层，包括移动用户偏好提取、上下文推理计算、上下文移动用户偏好提取、移动社会化网络构建、多元信息融合等等。④源数据采集层，包括移动用户人口统计学特征、移动 Web 行为日志、移动通信行为日志、上下文信息、移动网络服务信息等等。

参考文献

[1] 曹静.高校智慧图书馆建设与应用研究 [M].北京：中国商务出版社，2019.

[2] 陈海燕.智慧图书馆生态与场景的构建研究 [J].江苏科技信息，2021，38（08）.

[3] 陈荣端.浅谈我国城市智慧图书馆建设 [J].智能城市，2021，7（12）.

[4] 陈远方.智慧图书馆知识服务延伸情境建构研究 [D].长春：吉林大学，2018.

[5] 丁安，朱朝凤.智慧推荐系统模型构建研究——用户需求驱动下智慧图书馆服务模式 [J].图书馆学刊，2019，41（04）.

[6] 杜洋，付瑶.图书馆"微媒体阅读推广"实践与探索——以沈阳师范大学图书馆为例 [J].图书情报工作，2017，61（06）.

[7] 傅春平.公共图书馆智慧服务的探索与实践 [M].广州：世界图书出版广东有限公司，2020.

[8] 黄葵.智慧图书馆视角下的阅读推广研究 [M].天津：天津科学技术出版社，2019.

[9] 李琼.中外智慧图书馆的发展比较研究 [D].太原：山西大学，2018.

[10] 李艳红.智慧图书馆优化服务策略研究 [M].长春：吉林文史出版社，2019.

[11] 陆丽娜，王玉龙.智慧图书馆 [M].哈尔滨：东北林业大学出版社，2017.

[12] 孟银涛.泛在环境下高校智慧图书馆研究 [M].北京：中国农业大学出版社，2018.

[13] 秦健.基于信息可视化与数据挖掘的高校图书馆推荐系统的设计与

实现 [D]. 北京：北京交通大学，2014.

[14] 荣毅宁 . 互联网知识付费环境下图书馆知识服务模式创新 [D]. 太原：山西大学，2019.

[15] 孙磊 . 基于社群信息学理论的图书馆服务发展研究 [J]. 河南图书馆学刊，2020，40（09）.

[16] 孙瑞鹏，薛雨，李娜娜 . 图书馆党员智慧化管理平台的设计与实现 [J]. 数字通信世界，2018（06）.

[17] 王志红 . 智慧图书馆建设与阅读推广研究 [M]. 哈尔滨：哈尔滨出版社，2021.

[18] 吴朋有娣 . 智慧馆员能力评价体系研究 [D]. 长春：东北师范大学，2018.

[19] 杨文建 . 情境感知与智慧图书馆服务重塑研究 [J]. 图书馆工作与研究，2021（07）.

[20] 于志敏 . 智慧图书馆建设 [M]. 乌鲁木齐：新疆文化出版社，2020.

[21] 张丽媛 . 数字出版机构与图书馆合作策略研究 [D]. 哈尔滨：黑龙江大学，2013.

[22] 张清华 .BIM、物联网、云计算技术在智慧图书馆建设中的应用研究 [J]. 智能建筑与智慧城市，2019（09）.

[23] 赵发珍，杨新涯，张洁，等 . 智慧图书馆系统支撑下的阅读推广模式与实践 [J]. 大学图书馆学报，2019，37（01）.

[24] 朱白 . 数字图书馆推荐系统协同过滤算法改进及实证分析 [J]. 图书情报工作，2017，61（09）.

[25] 朱纯琳 . 基于数据流动的图书馆智慧服务生态系统构建研究 [J]. 图书馆，2021（01）.